U0485760

课堂如诗

"雅美课堂"的姿态

钱晓强 ◎ 主编

课堂教学新样态丛书

丛书主编 杨四耕

华东师范大学出版社
·上海·

图书在版编目(CIP)数据

课堂如诗:"雅美课堂"的姿态/钱晓强主编.—上海:华东师范大学出版社,2017

(课堂教学新样态丛书)

ISBN 978-7-5675-7219-5

Ⅰ.①课… Ⅱ.①钱… Ⅲ.①课堂教学-教学改革-小学 Ⅳ.①G622.421

中国版本图书馆 CIP 数据核字(2017)第 283859 号

课堂教学新样态丛书

课堂如诗

"雅美课堂"的姿态

丛书主编	杨四耕
主　　编	钱晓强
责任编辑	刘　佳
特约审读	汪建华
责任校对	孙祖安
装帧设计	卢晓红　刘怡霖

出版发行	华东师范大学出版社
社　　址	上海市中山北路 3663 号 邮编 200062
网　　址	www.ecnupress.com.cn
电　　话	021-60821666 行政传真 021-62572105
客服电话	021-62865537 门市(邮购)电话 021-62869887
地　　址	上海市中山北路 3663 号华东师范大学校内先锋路口
网　　店	http://hdsdcbs.tmall.com
印 刷 者	上海盛通时代印刷有限公司
开　　本	787毫米×1092毫米　1/16
印　　张	12
字　　数	174 千字
版　　次	2018 年 2 月第 1 版
印　　次	2022 年 11 月第 3 次
书　　号	ISBN 978-7-5675-7219-5/G·10804
定　　价	42.00 元

出版人　王　焰

(如发现本版图书有印订质量问题,请寄回本社客服中心调换或电话 021-62865537 联系)

本书编委会

主编：钱晓强
编委：王彩英　陆林芳　吴玉兰　唐　晔
　　　　唐宁宁　李梦晖　郑靖晔　瞿　珍
　　　　彭梅峰　戴月芳

被重新定义的课堂

苏联教育家赞科夫在《教学与发展》一书中指出：课堂教学必须"使班上所有的学生都得到一般发展"。也就是说，课堂教学要引导学生在认知、情感、技能等方面发生整体改变，在思维方式、情感体验、思想境界、为人处世等维度发生实质性变化；课堂教学应释放出生命感、意义感、眷注感、智慧感、美妙感、意境感、期待感……

长久以来，我们的课堂特别重视知识传承，以致许多学生能从容应对考试，却在生活中显得无能。有一位德国专家说："你们的教科书比我们的教科书厚，你们的题目比我们的题目难，但是你们得买我们的货。"这句话给我们的教育敲响了警钟，值得每一个人思考：请给知识注入生命，用经验激活知识，用智慧建构知识，用情感丰富知识，用心灵感悟知识，用想象拓展知识，让知识变得鲜活，让孩子们领悟到生命的伟岸！课堂教学是思想与思想的碰撞，是心灵与心灵的相遇，是生命与生命的对话，让我们用热情去拥抱课堂——课堂是眷注生命的地方。

我们必须清醒：如果把揭示人生的意义看作是认识论的任务，我们就永远不可能把这个意义揭示出来，因为，知识的增长并不一定使生活变得完美。当认识、知识成了第一性的东西，情感和意志便成了奴仆。这样，一个人受的教育越多，他们的思想就越会被包裹在一层坚实的知识硬壳之中。其实，臻达人性完美需要"另一种"教学，这种教学与理解融合，教学本身即理解，理解本身即教学。教学是生命意义的澄明，使人不断地自我超越，"不停地'进入生活'，不停地变成一个人"。说白了，课堂里蕴涵着"人是什么"的答案。因此，在一般意义上，教学即对理解的自觉追求；在终极意义上，教学即理解。它们共同揭示了一个深刻的道理：课堂是善解人意的地方。

俄国教育学家乌申斯基曾经说过:"教育的主要目的在于使学生获得幸福,不能为任何不相干的利益而牺牲这种幸福。"诺丁斯也提过:"一种好的教育就应该极大地促进个人和集体的幸福。"课堂教学是师生双边活动,没有教师幸福地教,也就没有学生幸福地学。当老师和学生积极参与到课堂教学之中,让生命释放意义感,他们就能在丰富多彩的教学活动中成长,获得生命意义上的幸福感。幸福是人类的永恒情结,课堂教学不仅应给人高品位的精神生活,而且应给人高品位的幸福体验。从一定意义上说,课堂是守望幸福的地方。人的一生能否过得幸福,很大程度上取决于他今天在课堂生活中能否获得幸福。这或许就是课堂教学的深刻意义所在。

我们的课堂善用纪律规范行为,用训练规约思想,却漠视人的情感与独特感受,课堂因此没有了盎然的生气。课堂理应是春暖花开的地方,宁静,安全,温馨,轻松。在这里,有家的感觉,不用担心"万一说错了怎么办",孩子们敢于说"我有不同的想法""老师,你讲错了";在这里,孩子们不怕"露怯",不怕"幼稚",能道出困惑,能露出观点,能形成质疑;在这里,有诗情画意,有奇思妙想,有思维碰撞,有情景,有灵气,课堂因此有了一种奇妙的意境感。

课堂也是为放飞梦想而存在的。孩子们充满想象,面对这个世界,他们无拘无束,内心有太多美好的期待。他们渴望走向社会,走进自然。课堂是广袤的天地,上下五千年,纵横数万里,任你穿越。课堂中心、书本中心、教师中心,多么不堪一击!课堂教学要回归曾经远离了的生活世界,穿越时间隧道,把过去、现在、未来浓缩在一起,跨越空间的界碑,让孩子们享受人类文明的成果。由此,课堂是凝视梦想的地方,这里有未来,有远方,有充满张力的诗……

怀特海说:"教育只有一个主题,那就是五彩缤纷的生活。但我们没有向学生展现生活这个独特的统一体,而是教他们代数、几何、科学、历史,却毫无结果;……以上这些能说代表了生活吗?"怀特海的观点是令人深思的:知识并不代表生活,生活需要智慧。很多时候,课堂与知识无关;课堂是一种态度、一种生活。有什么样的态度,就有什么样的生活。课堂教学的核心意义在于传递生活态度,让孩子们彻底明白:生命的厚度在于拥有静谧的时光,让心灵溢满宁静与幸福。这样，课堂教学有效性就能提高，课堂就不再是每一分钟都压得学生"喘不过气来"。无论如何，我们应该懂得，课堂是一个酝酿牵挂的地方。

派纳在《健全、疯狂与学校》一文的结语中说："我们毕业了，拿到了证书却没有清醒的头脑，知识渊博却只拥有人类可能性的碎片。"这多么令人深思啊！当人的需要、价值、情感被淹没在单纯的知识目标之中，生命感在这里便荡然无存。将课堂教学视为纯粹的认识活动，片面发展人的认识能力，看不到人的整体"形象"，特别是作为"在场的人"的"整体形象"被抽象；放眼世界，人之精神远遁，迷失于庞大的"静止结构"，这便是"教学认识论"的"悲剧范畴"。其实，课堂是一个意义时空，教学即谈心，学习即交心。当我们真正把学生看作活生生的人，就会发现：原来，课堂是点亮心灵的地方。

课堂教学是富含智慧和艺术的活动。只有把教师的主导性和学生的主动性都激发出来，才能算作真正的课堂教学。说白了，课堂是智慧碰撞的地方。课堂教学要善于抓住转瞬即逝的思维亮点，促成智性的提升和灵性的妙悟。如何围绕教学目标，理清教学思路，选用教学方法，驾驭教学机制，促进孩子们智性跃迁与灵性发展？如果我们只是单纯地传授知识，教师拼命讲，学生认真听、被动地接受，长此以往，学生的大脑便会"格式化"，发展便得不到真正的保障，他们只能在大脑中形成直线型知识反馈通路，无法呈现富有生命情愫的、饱满的人的形象！

对于课堂，我们可以有无穷的定义。一位哲人曾经说过："一种文化首先意味着一种眼光"，"眼光不同，对所有事情的理解就不同"。当课堂被重新定义的时候，当我们真切地回归课堂教学人文立场的时候，检视课堂教学的"眼光"便有了新的角度，课堂教学便有了新的样态。

杨四耕

2022年3月8日于上海市教育科学研究院

目录

前言　让诗意飘扬在课堂上空 / 001

第一章　饱满：一个完整的人站立在课堂中 / 001

　　人生的三种状态是由自己心灵的温度决定的。假如一个人对生活和人生的温度在0℃以下，那么，这个人的生活状态就会是冰，他的世界也就是他双脚站的地方那么大；假如一个人对生活和人生的态度是常温的，那么，他就是一掬常态下的水，他就能流进大河、大海，但他永远离不开大地；假如一个人对待生活和人生是100℃的炽热，那么，他会成为水蒸气，成为云朵，他就飞起来，这样，他就不仅拥有大地，还能拥有天空，他的世界将和宇宙一样大。

不识庐山真面目，只缘身在此山中 / 002

会当凌绝顶，一览众山小 / 008

路漫漫其修远兮，吾将上下而求索 / 015

千岩万壑不辞劳，远看方知出处高 / 020

纸上得来终觉浅，绝知此事要躬行 / 026

第二章　厚实：用宁静守望生命澎湃地绽放 / 031

　　"厚实"是文化的积累和沉淀，须用生命、用激情、用创造、用思想来充实。它是唤醒生命内在的精神力量，努力践行而达到的终极目标。厚实丰富的内涵并不需要过多的热烈澎湃的教育理论、措施、方法或形式，它更需要的是一种宁静。只有凭借一颗宁静的心，以一种稳健的步伐，才能脚踏实地地逐渐走进优质的境地，走入美丽的星空。

横看成岭侧成峰，远近高低各不同 / 032
区区岂尽高贤意，独守千秋纸上尘 / 038
接天莲叶无穷碧，映日荷花别样红 / 043
掬水月在手，弄花香满衣 / 048
问渠那得清如许，为有源头活水来 / 054

第三章　立体：看得见人的身影 / 061

　　在满园弥漫的光芒中，一个人更容易看到自己的身影。课堂是丰富学生学习经历的场所，站在你看得见的地方，追寻着自己的身影。在茫茫人海中，或许掠过所有人的身影，最后只是看见了自己。唯有心灵与心灵的对话才会撞击出生命的火花。呈现立体效果的课堂，有利于学生健康、快乐、和谐地成长。

芳林新叶催陈叶，流水前波让后波 / 062
千锤万凿出深山，烈火焚烧若等闲 / 068
晴空一鹤排云上，便引诗情到碧霄 / 074

删繁就简三秋树，领异标新二月花 / 079

万物静观皆自得，四时佳兴与人同 / 084

第四章　意趣：开启一段生动的旅程 / 091

　　走在教室的走廊，临风而歌，恰如开启了一段旅途，有一种超凡脱俗的感觉，回归自然与返璞归真，只在临风而立的那一刻感到。看着掠过天空的小鸟，心中充满着希冀，希望小鸟飞得更高更远，飞到更广阔的空中去。课堂以轻松、丰富、多彩的教学活动让每个生命展翅高飞。

风含翠篠娟娟净，雨裛红蕖冉冉香 / 092

海日生残夜，江春入旧年 / 098

千里之行，始于足下 / 103

一花独放不是春，百花齐放春满园 / 110

留连戏蝶时时舞，自在娇莺恰恰啼 / 115

第五章　缤纷：多一把衡量的尺子 / 121

　　一千个观众眼中就有一千个哈姆雷特。用哲学的眼光，从个体发展的角度来看待每一位学生，为每一位学生量体裁衣，定做一把"尺子"。多一把尺子，多一批好孩子。从评价主体、评价内容、评价方式出发去激发孩子潜在的内动力，激发本应属于孩子的那份久违的活力，树立孩子向上攀登的勇气，这对孩子的影响将是终身的。

单丝不成线，独木不成林 / 122

003

良言一句三冬暖,恶语伤人六月寒 / 128

等闲识得东风面,万紫千红总是春 / 132

长风破浪会有时,直挂云帆济沧海 / 137

解落三秋叶,能开二月花 / 142

第六章　醇美：以高贵、纯粹之心回归精神家园 / 147

  在每个孩子心中最隐秘的一角,都有一根独特的琴弦,拨动它就会发出特有的旋律。只有充满了细腻、柔软的循循善诱,才能拨动孩子的心弦,才会奏响美妙的教育乐章,达到教育的醇美境界。课堂似醇美的米酒,质厚味美,需要运用非凡的智慧去指导教学的策略,需要营造悄无声息的意境去渗透教学的思想,需要品味意犹未尽的内涵去传播教学的深远。

春风化雨雨化田,田舍破晓绕炊烟 / 148

流水不腐,户枢不蠹,动也 / 153

水中之月,镜中之象,言有尽而意无穷 / 158

千淘万漉虽辛苦,吹尽狂沙始到金 / 164

运筹帷幄之中,决胜千里之外 / 169

后记　诗与远方 / 175

前言　让诗意飘扬在课堂上空

自古以来，从"社会的进步就是人类对美追求的结晶"（马克思）到"人性的教育呼唤诗意"（肖川），从"不学诗，无以言"（孔子）到"诗是人类的母语"（尔格·哈曼），从"不管是在人类的开端，还是人类的目的地，诗都是人类的女教师"（谢林）到"所有的思都是诗"（海德格尔）等，都一脉相承地言说着诗在人的发展和教育中的地位。

德国诗人荷尔德林在诗中写道："人充满劳绩，但还诗意地栖居在这片大地上。"课堂，就是学生和教师生活的栖居地，我们要让诗在课堂轻舞飞扬，时时涌动着诗的灵性，洋溢着诗的浪漫，弥漫着诗的芳香，勃发着诗的激情，流淌着诗的旋律，演绎着诗的精彩。置身于课堂的孩子们更应该是诗意的生活者。他们在课堂这个充满诗意的绿色情境中，自由地放飞心灵，用充满灵性的童言稚语编织着课堂教学的精彩。

诗人是令人敬慕的。的确如此，教师也在用心血写诗，而且写着人们最关注的诗——不过，那不是写在稿纸上而是写在学生的心田里的诗。语文课堂"博观而约取，厚积而薄发"的本质，自然课堂"人间四月芳菲尽，山寺桃花始盛开"的发现，数学课堂"一去二三里，烟村四五家。亭台六七座，八九十枝花"的趣味，音乐课堂"大弦嘈嘈如急雨，小弦切切如私语。嘈嘈切切错杂弹，大珠小珠落玉盘"的韵律，体育课堂"蹴鞠屡过飞鸟上，秋千竞出垂杨里"的灵动，美术课堂"玉笔轻敲水墨出，半点玄色印纸朱"的写意……神奇的如诗课堂熏陶着学生的灵魂，智慧的如诗课堂给予着学生力量。

课堂如诗，如诗课堂。如诗的课堂应当包括三个方面的内容：教师、学生和教材。三者互动生成，形成一个整体。学生和老师之间的碰撞，学生和老师共同对文本展开解读，文本给予学生灵感，文本给予老师审美启示。在碰撞、解读、启示中，诗意油然而生。"诗不一定要有华丽的词语，使你内心感到暖融融的，感动你触动你的那种东西，那种东西看不见摸不着，但是让你很感动……提升我们精神境界的东西就是诗意。"也就是说，有了感动，才会有如诗的课堂。"诗"就是用感情来打动人，如诗的课堂就是用高尚的精神来感动学生。这份高尚源于文本，产生于师生之间的交流，最终会感动整个课堂。换句话说，在如诗的课堂中，老师与学生都应当具有一颗善感的心。教师应寻找每一刻可以激发学生情感的瞬间，善于去发现学生瞬间的激情，并引导其激起万丈狂澜。

课堂，如诗般饱满。

诗具有凝练性、抒情性和形象性。诗是情感的产物，有直抒胸臆的，有含蓄抒情借事说理的，但均为有感而发，均饱含情感。因而，课堂目标的制定也应笔饱墨酣，酣畅浑厚。课堂看似简单，可是它却包容着丰富的内涵，更何况我们面对的是鲜活的生命，教给学生的不仅仅要有知识与能力，还要有过程与方法，更要有情感与态度。因此，教师要建立起本体性知识和实践性知识相互支撑的多层复合、不断更新的知识系统，以科学合理的课堂目标引领教学行为。

课堂，如诗般厚实。

诗人的高明在于凭借厚实的生活积累和对社会人生的深刻体悟，提取出自己的独特认知，进而升华为一种具有普遍意义的人生思考，使寥寥数语的诗句，内含理趣，令人深思。课堂亦如此。教师须具备丰厚的文化底蕴，带领学生解读生命，感悟生活，体味人生，深刻影响学生的精神世界。为了增加课堂的厚实感，提高教学效率，教师要持续不断地汲取广博的知识，端正备课态度，合理拓展引申；给学生展示自我的空间，夯实学生积淀；给课堂增添活力，在有限的时空内最大限度地开启思维，培养学生综合素养。

课堂，如诗般立体。

苏轼在《书摩诘蓝田烟雨图》中这样评论唐代王维的作品："味摩诘之诗，诗中有画；观摩诘之画，画中有诗。"由此看来，诗不但是语言的艺术，也是"立体"的艺术。诗是特别讲究韵律和节奏的。教学也要讲究韵律和节奏，要求动静相生，快慢交替，疏密相间，舒卷有致。具体到一节课的安排上：有时要"动"，通过讨论、问答、朗读、争辩等，不断给学生以新的刺激，使其保持兴奋状态；有时要"静"，通过听讲、思考、默读、自省等以保持教学刺激的有效性和长效性；有时要"快"，在非难点和学生已知处要快，不能拖沓，否则会使学生厌倦；有时要"慢"，在重点、难点之处要给学生充分的吸收消化时间。

课堂，如诗般饶趣。

诗讲究审美，讲究联想，讲究灵性与神性相结合，看似平淡，实则趣味盎然，潜藏着众多妙悟。许多诗人呕心沥血，苦心经营，炼字炼意，最终求得一字一句一篇，从而达到身心上的乐趣。这其中最出名的要数贾岛的"推敲"故事，"两句三年得，一吟双泪流"，苦吟之中达到的精神上的愉悦是无可比拟的。教师根据课堂的实际需要，进行多种氛围的创设，或用优美的语言，或用多媒体展示的意境，使课堂像水墨画一样充满意蕴，像散文诗一样灵动优美，让学生在如诗的教学情境中一起享受着课堂的精彩与美妙，极大地调动学生的知、情、意等各种因素，从而提高学生的学习兴趣和学习效率。

课堂，如诗般缤纷。

诗词多种多样的艺术表现方式深得人们的喜爱，或吟或咏，或诵或歌，精练含蓄的诗词在现代人的诵读中源远流长。课堂中教师的评价语言十分重要，往小里说，它能影响课堂教学活动和气氛；往大里说，它能影响学生一生的发展。因此，教师要探索出基于学生发展理念的评价风格——人文评价。或用充满情意和激励的赞美升华学习情感——"你提的问题老师都没有想到，是个小思想家"、"你和老师想到一起去了，是老师的知音"、"你有一双慧眼"……让这些赞美在课堂上如诗般流淌；或及时捕捉课堂上的动态生成资源，要敢于因势利导、诗意地进行评价，以促进学生的发展。

课堂，如诗般醇美。

醇者，诗意清醇、醇厚；美者，诗作求美、臻美，意、情、语皆美。慧心妙手的诗人将诗句提炼得自然而有情致、清雅而有情趣。在新课标的引领下，我们倡导"以学定教"的教学理念，构建科学的课堂模式，设计合理的课堂环节，充分考虑到学生的学情，以学生为主体，在最短的时间内充分调动学生的感官，使每一个学生都能积极参与到课堂中来，在轻松愉快的学习氛围中，达到"思维活跃流畅，创新精神涌动"的最佳境界。

每一个教学瞬间的背后都应该隐藏着一片令人心驰神往的汪洋。教师的一言一行、一举手一投足，都是一种教育，一种比教授知识更重要的教育。这种潜移默化、春风化雨般的教育将沉淀在学生的眼中、心中,甚至生命中。如诗的课堂是一种人生的享受,是一种生活的体验,是一种人格的提升,是一种思想的撞击,是一种生命的感悟。若能时时、处处感受到课堂中的趣意和美的存在,便会成为诗的缔造者。追寻如诗课堂,让学习成为享受,让课堂成为家园!

第一章　饱满：一个完整的人站立在课堂中

人生的三种状态是由自己心灵的温度决定的。假如一个人对生活和人生的温度在0℃以下，那么，这个人的生活状态就会是冰，他的世界也就是他双脚站的地方那么大；假如一个人对生活和人生的态度是常温的，那么，他就是一掬常态下的水，他就能流进大河、大海，但他永远离不开大地；假如一个人对待生活和人生是100℃的炽热，那么，他就会成为水蒸气，成为云朵，他就飞起来，这样，他就不仅拥有大地，还能拥有天空，他的世界将和宇宙一样大。

不识庐山真面目，只缘身在此山中

教学目标是教师制订教学方案、安排教学计划、进行课堂教学设计的重要依据，也是教师检验教学是否有效的标准。制订教学目标的主要依据应是：解读课标、研读教材、了解学生。同时，《上海市中小学语文课程标准》的课程基本理念是以学生发展为本，坚持全体学生全面发展，关注学生的个性健康和可持续发展。因此，设计教学目标时首先要关注教学的对象——学生。学生的学习准备状态或学习的起点是影响学生新知识学习的最重要因素。立足学情，有效制订教学目标并落实到教学过程中，才能给学生以知识、科学态度、科学方法及科学追求精神的多重收获，目标整合才能和谐饱满。

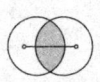

诗性课堂

目标不应缺失主体地位

"不识庐山真面目，只缘身在此山中。"出自宋朝诗人苏轼的《题西林壁》。在这里借指语文课堂中出现的高耗低效、缺少语文味等现象。这些现象的出现，很多时候与教师教学目标的制订不当息息相关。教学目标的制订没有从学生的角度出发，而是从教师自己的需要着手，就可能会造成教学过程中教师重"主"而不重"导"和学生被动参与、被动接受的结果。学生的主体地位得不到落实，语文课堂自然缺乏灵性和活力。

　　本文就是坚持以生为本,着重探讨雅美课堂的教学目标的设计。在目标引领下,站在学生的角度解读文本,想到学生的难处,让学生有阶梯可循,有真情可抒。如此,才能听到孩子心底那最动人的花开的声音。

诗漾课堂

制订目标凸显主体地位

　　制订教学目标的主要依据应是:解读课标、研读教材、了解学生。前两项与教师语文素养有很大的关系,这里不作详细介绍。而在了解学生方面,教师主要可以从以下三个方面入手:

　　1. 要充分考虑学生在知识技能方面的准备情况和思维特点,掌握学生的认知水平,以便确定三维目标。

　　2. 要充分考虑学生在情感态度方面的适应性,了解学生的生活经验,从促进学生全面发展的需求出发,去审视教学目标的制订。

　　3. 要充分考虑学生的学习差异、个性特点和达标差距,以便按照课程标准确定教学目标要求及出发点,为不同状态和水平的学生提供适合他们发展的最佳教学条件。

　　同时,教师要经常主动与学生沟通交流,认真听取他们对教学工作的意见和建议,从心灵上读懂学生,贴近学生,以使教学目标的制订更具针对性和实效性。

如诗课堂

遵循目标落实主体地位

《家是什么》是上教版三年级下学期第四单元的课文,文章篇幅短小,语言质朴,运用叙事说理的方法,阐明了拥有亲情和关爱的人才是真正有家的人这样的道理。文章讲述了两个真实的故事:一个是美国洛杉矶的一个富翁虽然拥有别墅,却因失去温馨与亲情而没有家;一个是卢旺达的热拉尔历经战争磨难,家破人亡,却因找到5岁女儿而顿觉自己又有了家。通过正反两个事例的对比,揭示出家的本质含义——一个充满亲情的地方。

1. 寻找教学突破口

经过反复思考,我认为将情感目标定位在"初步懂得有了亲情,有了爱,才真正有了家"上显得很苍白。因为,文章本身浅显易懂,中心明确。对"家"这个外延非常宽泛、含义极其深刻的词,我们需要做到的不是理解,而是感悟。

基于以上分析,我将情感目标制订为"让学生感悟亲情与爱对一个家庭的重要性"。为了有效达成这一情感目标,我反复研读教材,寻找突破口,试着站在学生的角度去发现学生学习的难点和盲点。很快,我意识到课文中两个事例的背景与学生实际生活经验是有差距的。

优越的生活条件,两代人的掌上明珠,在这种环境下长大的孩子有几个能体会富翁那种没有亲情的滋味?身处和平年代的他们又怎能了解热拉尔所经受的战争的可怕,失去亲人的痛苦?高科技的时代,先进的生活设施,又有多少孩子懂得感恩现在的幸福生活?这些不也正是学生学习的难点吗?从课文两则简短故事中,我发现唯有对文本留白进行必要的拓展,才能使孩子真切、深刻地体会到亲情与爱对一个家庭的重要性。

2. 捕捉语言空白点

文学作品使用的语言是一种具有审美功能的表现性语言,包含许多"不确定"和"空白",即文本语言的"空白点"。这些空白点不是作者行文的疏忽、未完结和无奈,恰恰是不忍点破的韵外之致,只可意会的弦外之音,布局谋篇的匠心独运。作为教者,我们应当引领学生联系生活体验,激发学生强烈的情感共鸣。

首先,根据之前的教学经历,在研读富翁为什么拥有别墅却没有家时,学生们都能唱山歌似地答出"因为他没有亲人"和"因为没有人关心他"等。然而,这样的回答是空泛的,是缺乏真情实感的。

于是,我设计了这样的拓展练习,引导学生联系自己生活实际展开想象:

当富翁完成工作回到家时,＿＿＿＿＿＿；当富翁卧病在床时,＿＿＿＿＿＿；当富翁＿＿＿＿＿＿时,＿＿＿＿＿＿。(力求帮助学生体会富翁的孤单凄凉。)

果不其然,课堂上学生妙语连珠,有的说"当富翁工作回到家时,面对的是冷冰冰的墙壁";有的说"当富翁卧病在床时,连一口热水都喝不到";有的说"当他生日时,没有人为他送上蛋糕和生日的祝福"……相信,这时候学生是强烈而深刻地感受着富翁对家和亲情的渴望。

其次,在感受热拉尔与亲人离散的痛苦时,我适时出示图片,利用媒体的直观性带给学生视觉冲击,并补充介绍:从1959年开始,卢旺达内战不断,截至1990年10月,流亡国外的难民多达50万人。后来,卢旺达还爆发了举世震惊的大屠杀,一卡车一卡车逃难的妇女、儿童被杀死,路边沟旁尸横遍野,惨不忍睹。短短百日之内,近百万无辜者被残酷杀害,200多万家庭随即支离破碎。

看到孩子们个个皱紧了眉头,唏嘘不已,我随即指名学生谈谈感受,有学生说:"我觉得很可怕,战争夺去了那么多家庭的幸福,让活着的人比死了还要痛苦。"还有学生说:"我觉得很痛心,那么多父母失去了自己心爱的孩子,又有那么多孩子变成了孤儿,无依无靠。"紧接着,让学生带着自己的感受来读文中"他的一家有40口人,父母、兄弟、姐妹、妻儿几乎全部离散丧生"这句话,那更是情感的自然流露。教师随即用语言渲染道:此时的热拉尔失去了信心,失去了——希望,失去了——生活的勇气,这就是"绝望"。这时,从孩子们的表情和语言中,我知道他们已走进热拉尔的内心,感受着他失去亲人、失去家的痛苦和悲伤。显然,这里的补白有利于学生对文本难点的理解。

再次,补白有利于促进学生语言表达。本单元的重点便是培养学生复述的能力,而本课要求学生能在复述的过程中展开适当想象,培养学生语言表达的能力。这个要求对学生来说是有难度的,不但要还原文本内容,还要在理解、感悟的基础上让故事情节更丰满。怎样为学生表达降低难度,提供台阶?我考虑到三年级的学生思维空间还不够开阔,词汇量也不是很丰富,于是引导学生利用书本上的插图,注意观察父女俩的神态和动作,选择其中的一个人物并想象一下他会怎么做,或者说些什么?并为学生适当提供一些词语,如:紧紧相拥、依偎亲吻、潸然泪下……

如此一来,学生表达的积极性高了,语言的品质也得到了提升,可谓一举两得。

3. 抓文本语言的亮点

文本的亮点指的是文本中精彩的地方,值得推敲的词句。文中"热拉尔辗转数地,冒着生命危险去找女儿"这句,寥寥数语,读来却十分感人。

但是,对学生而言,"辗转数地"这样概括的文本语言是比较抽象的,要深刻地理解它,就必须将它转化为一幅幅具体的画面。于是,我根据学生实际,给学生提供想象的内容,引导学生根据所给的词想象热拉尔寻女过程中遇到的种种困难和危险。经过处理后,便有了这样精彩的生成:

师:热拉尔辗转数地,冒着生命危险去找女儿。他究竟经历了怎样的磨难呢?请同学们根据老师所给的词语,展开想象。

出示:山地 森林 战争

生:山路高低不平,杂草丛生,一不小心就会滚落谷底,但一想到女儿,他什么都不顾了。

生:战争还在继续,危机四伏,他可能会被敌人的子弹夺去性命,但为了找到女儿,他毫不退缩。

生:寻找女儿的过程中,他需要穿越森林。森林里经常会有凶猛的野兽出没,他随时都可能有生命危险,但是只要想到女儿,他就什么也顾不上了。

师:无论是山地、森林,还是战争,都会给他带来危险,但为了和女儿团聚,为了找回自己的家，他没有退缩，而是找了一处又一处，走了许多地方，文中说——辗转数地。

这样的设计引导学生通过想象及语言重组将画面描述出来，使其进一步感受亲情的力量，这种感悟是具体的、深刻的，不但有效落实了情感目标，也让学生真正领悟到家的内涵。

温馨提示

教师在制订教学目标前不妨认真回答以下一些问题：学生是否已经具备了进行新的学习所必须掌握的知识和技能？学生是否已经掌握或部分掌握了教学目标中要求学会的知识和技能？没有掌握的是哪些部分？有多少人掌握了？掌握的程度怎样？只有准确地了解学生的学习现状，才能确定哪些知识应重点进行辅导，哪些可以略讲甚至不讲，从而抓准教学的真实起点。

（撰稿人：王爱莲）

会当凌绝顶，一览众山小

英语的单元整体教学是基于《英语课程标准》、教材和学情而再构的单元主题活动。有效的教学活动离不开有效的教学目标的设定。基于单元整体设计教学目标，然后再设计分课时目标，处理好整体和局部的关系，让教学目标设计更有方向性和延续性，让教学目标更好地引领课堂教学，这也是教学目标饱满的本质要义。

诗性课堂

基于单元整体的设计和分课时教学目标的设计都很重要

"会当凌绝顶，一览众山小。"说的是我一定会登上泰山的顶峰俯瞰众山，而那时众山就会显得极为渺小，旨在体现整体和局部的关系。

在英语课堂教学中，基于单元整体的设计和课堂教学目标的设计，就体现了整体与局部的关系。先设计单元整体教学目标就如登上泰山之顶，然后再设计分课时目标则犹如俯瞰众山。有了登顶的全局观——基于单元整体设计教学目标，才能俯瞰众山——有效设计分课时的教学目标。

诗漾课堂

如何基于单元整体的设计和实施教学目标

1. 研读单元教材

通过教研组的讨论，正确把握这个单元要学的主题是什么，教师要教什么？这个单元内容在整个模块中处于什么地位，本单元里的内容具体有几块，它们间是什么样的联系？我们要对学情进行分析：学生属于哪个学段，学习本单元知识时已有哪些知识基础，已经掌握了哪些技能；学生对什么话题感兴趣；学生学习最近的发展区域是什么。以便为教学目标饱满打好基础。

2. 精准表述单元教学目标

在设计教学目标时，我们要明确教学目标的行为主体是学生。每一个教学目标的制订应是具体详细的，可理解、可观察、可操作的。精准表述单元教学目标，语言饱满，有内容。

在语言知识部分，行为动词可以用认识、说出、拼写、认读、了解、熟悉、表达、掌握等教学环节予以实施。在行为动词后面还要有具体的掌握对象，以及要掌握的具体数量。在语言技能部分，行为动词可以用朗读、讲述、背诵、描述、获取、写出、表演、演唱等教学环节予以实施。当然要描述清楚行为主体在怎样的情境中，达到了怎样的程度。情感态度与价值观方面我们可以用尊重、爱护、喜欢、养成、珍惜、敢于、辨别、欣赏等行为动词来描述。经过教研组全体成员的合作，互相学习，互相提建议，提高目标描述语的正确使用率，使制订的目标详细，具体，可观察，可操作。

3. 恰当确定分课时的教学目标

单元教学目标是不可能在一个课时内完成的，所以我们在确定单元教学目标后，可以通过单元主题，选择合适的话题设计分课时的教学目标。整个单元的教学目标设定就更加饱满、有内涵，更加适合学生的发展。

如诗课堂

实践让教学目标的设计更加饱满

在单元教材分析和学情分析的基础上设定单元教学目标。设定单元教学目标时可以从语言知识、语言技能、语言应用、情感态度和价值观等方面展开,其中语言技能还可以从听、说、读、写四个方面的能力详细展开。认真研究每一项里的每一个细节,组员各自提出自己的方案,互相学习反思,最后再定出最贴切的单元教学目标。例如:牛津英语三年级第二学期 Module 1 Unit 3 单元教学目标:

(一) Language knowledge(语言知识):

1. 能正确认读和理解本单元的词汇 sweet, lemon, sour, salt, salty, coffee, bitter, smell, taste 以及拓展词汇 strawberry, juicy。

2. 能熟练地在语境中运用 Taste. . ./Smell. . . 句型来表达指令。

3. 能熟练地在语境中运用 How does it smell? It's. . . 和 How does it taste? It's. . . 的句型来进行与食物的气味和味道有关的问答。

4. 能熟练地使用特殊疑问句 What is it? It's. . . 的问答。

5. 能在语境中熟练使用 I like it 来表达对食物的喜爱。

6. 能理解并识记字母组合 wh-在单词中的发音规则。

(二) Language skills(语言技能):

Listening:

1. 能听懂本单元的词汇 sweet, lemon, sour, salt, salty, coffee, bitter, smell, taste 以及拓展词汇 strawberry, juicy。

2. 理解 Taste. . ./Smell. . . 句型所表达的指示。

3. 能听懂 How does it smell? It's. . . 和 How does it taste? It's. . . 所表达的食物饮料味道。

4. 能理解特殊疑问句 What is it? It's. . . 所表达的关于食物的问答。

5. 能分辨字母组合 wh-在单词中的发音。

Speaking：

1. 能正确拼读本单元的词汇 sweet，lemon，sour，salt，salty，coffee，bitter，smell，taste 以及拓展词汇 strawberry，juicy。

2. 能熟练地在语境中运用 Taste . . . /Smell . . . 句型来表达指示。

3. 能熟练地在语境中运用 How does it smell? It's . . . 和 How does it taste? It's . . . 句型来进行食物气味与味道的问答。

4. 能熟练地使用特殊疑问句 What is it? It's . . . 进行问答。

5. 能在语境中熟练使用 I like . . . 句型表达对食物的喜爱。

6. 能理解并识记字母组合 wh-在单词中的发音规则。

Reading：

1. 能熟练地朗读课本教材文本。

2. 能流畅地描述自己喜欢的食物的特点。

Writing：

能熟练运用本单元核心词汇，并能运用语段描述自己喜欢的一种食物。

（三）Language use(语言应用)：

能在语境下初步感知不同食物的味道，理解并识记本单元的核心词汇 sweet，lemon，sour，salt，salty，coffee，bitter，smell，taste 和句型 How does it smell/taste? It's . . . 能运用这些语言知识来表达食物的气味与味道。

（四）Affection and attitudes(情感态度)：

引导学生要健康适量地饮食，树立正确的饮食观。

在以上单元整体教学目标设定的基础上设计分课时教学目标。

例如三年级第二学期 Module 1 Unit 3 分课时教学目标：

第一课时：Go to Food City

1. 语言知识：(1)单词：sweet，sour，salty，sweet，lemon，salt，taste，smell. (2)句型：Taste... It's...；Smell... It's...；How does it feel? It's...；What is it? It's...

2. 语言技能与应用：(1)能正确认读和拼读本单元的词汇 sweet，sour，salty，lemon，salt，taste，smell。(2)能尝试运用祈使句 Taste...和 Smell...表达指示。(3)能尝试用 Taste it. How does it feel？ It's...Smell it. How does it feel? It's...进行对话，指出食物的味道。(4)在《美羊羊——去美食城》这个文本情景中通过闯关的先后顺序认读词汇 sweet，taste，smell，lemon，sour，salt，salty，能尝试运用祈使句 Taste...和 Smell...发出指令，运用 Taste... It's...和 Smell... It's...描述食物的味道，并能尝试运用特殊疑问句 How does it feel？ It's...和 What is it？ It's...进行对话。

3. 情感态度：引导学生要健康适量地饮食，树立正确的饮食观。

第二课时：At Food City

1. 语言知识：(1)单词：bitter，coffee，strawberry，juicy。(2)句型：How does it smell？ It's...和 How does it taste？ It's....

2. 语言技能与应用：(1)能正确拼读本单元的词汇 bitter，coffee，juicy，strawberry。(2)能较熟练地运用祈使句 Taste.../Smell...表达一些简单的指示。(3)能较熟练地运用 How does it smell？ It's...和 How does it taste？ It's...进行对话，在语境中了解食物、饮料的味道。(4)通过在 Food City 买食物为回家举办派对做准备这一情境，学生能拼读本单元的词汇 bitter，coffee 和拓展单词 strawberry，juicy，并能熟练运用特殊疑问句 How does it smell？ It's...和 How does it taste？ It's...进行对话，了解水果的不同味道。

3. 情感态度：引导学生要健康适量地饮食，树立正确的饮食观。

第三课时：Have a Party

1. 语言知识：(1)单词：sweet，sour，salty，lemon，salt，taste，smell，bitter，coffee，strawberry，juicy。(2)句型：Smell it. It's.... Taste it. It's.... How does it smell？ It's... How does it taste？ It's... What is it？ It's.... I like....

2. 语言技能与应用：(1)能正确拼读本单元的词汇 sweet，sour，salty，bitter，lemon，salt，coffee，taste，smell，juicy，strawberry。(2)能熟练运用 Smell it. How does it smell？ It's...Taste it. How does it taste？ It's...进行对话。(3)通过"到美食

城,在美食城买东西,买到美食后开派对"的情境主线,学生能正确拼读本单元的词汇 sweet, sour, salty, lemon, salt, coffee, taste, smell, bitter, juicy, strawberry,能熟练运用 Smell it. How does it smell? It's... Taste it. How does it taste? It's...进行对话,从嗅觉和味觉上了解食物,以及能运用 Touch.../Taste.../Smell...对食物进行描述。

3. 情感态度:引导学生要健康适量地饮食,树立正确的饮食观。

在确定单元教学目标以后,根据教材特点,单元分为三课时。三课时都围绕"food"这条主线,通过"Go to Food City"、"At the food city"和"Have a party"这三个不断递进的话题,设置分课时教学目标。分课时的话题关联,教学目标层层递进。在第一课时"Go to food city"中,爱美食的美羊羊去食物城购买美食途中困难重重,在到达美食城路上,她利用智慧先后通关,在通关的过程中认读词汇 sweet, taste, smell, lemon, sour, salt, salty,能尝试运用祈使句 Taste.../Smell...发出指令,运用 Taste... It's... 和 Smell... It's... 描述食物的味道,并能尝试运用特殊疑问句 How does it feel? It's.../What is it? It's...进行对话。第二课时"At Food City"通过美羊羊在美食城购买食物,为回家办派对做准备这个情境,学生能拼读本单元的词汇 bitter, coffee 和拓展单词 strawberry, juicy,并能熟练运用特殊疑问句 How does it smell? It's... 和 How does it taste? It's...进行对话,了解水果的不同味道。第三课时"Have a Party"通过购买到食物的美羊羊将食物带回家并举办了美食派对和同伴一起分享食物这个情境,学生能正确拼读本单元的词汇 sweet, sour, salty, lemon, salt, coffee, taste, smell, bitter, juicy, strawberry,能熟练运用 Smell it. How does it smell? It's... Taste it. How does it taste? It's...进行对话,从嗅觉和味觉上了解食物,以及能运用 Touch.../Taste.../Smell...对食物进行描述。从这里我们可以看到,在三个课时的教学目标中,不管是语言知识,还是语言技能、语言应用、情感态度都是相互联系,层层递进、螺旋上升的。话题也是相互联系统一的。后一个课时的教学目标是前一个教学目标的有效延续,直到最后达成单元整体教学目标。

温馨提示

1. 要注意整体性。以单元为单位整体考虑，合理设计教学目标。每一个分课时的教学目标也要站在单元整体教学目标的基础上设计。

2. 要注意主体性。教学的主体是学生，在设计教学目标的过程中要一直考虑到学生。如是否在学生的能力范围内，通过学习学生是否能达到，怎样设计更有利于学生达到预期目标等。

3. 要注意层次性。单元整体教学目标的设计要从语言知识、语言技能、语言应用、情感态度和价值观等角度考虑设计，注重能力层层递进。

（撰稿人：刘洁文）

路漫漫其修远兮，吾将上下而求索

教学目标是教学的出发点和归宿，是教师对学生达到的学习成果或最终行为的明确阐述。一切教学活动都是围绕教学目标来进行和展开的。就其本身而言，它具备支配教学实践活动的内在规定性，起着支配和指导教学过程的作用，也是教师进行课堂教学设计的基本依据。教学目标的分析与确定是教学设计的起点，可以使教学目标更饱满更具体。它首先确定教学对学生学习内容所达水平程度的期望，使教学有明确的方向；其次，它给教学任务是否完成提供测量和评价的标准。因此，教学目标是教学的基本前提，是求学路上的指路明灯。

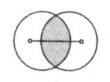

诗性课堂

抓准方向，明确目标

"路漫漫其修远兮，吾将上下而求索。"所谓学海无涯，教学的求学之路何其修远。在这一漫漫求学路上如果没有一个教学目标，求学者持久的耐心将难以为继。教学目标是指教学活动期待学生得到的结果，是贯穿与统率整节课的出发点和归宿。教学目标的制订是否准确清晰，不仅影响着教学过程的展开，很大程度上也牵制了最终的学习效果。

如果没有教学目标，那么，就犹如在无边无际大海中的航船失去了罗盘，即便航船自认为始终在沿着一个方向前进,终究会在漫漫的航程中被海浪一点点推向他方。纵使航船有心求索,但没有明确的目标与方向,也终究无法抵达彼岸。那么,课堂教学究竟该如何准确确定、落实教学目标呢？这是每一位教师应该不断上下求索的。

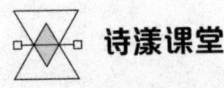

诗漾课堂

综合多方制订合理有效目标

1. 认真学习课程标准

课程标准是编写教材、课堂教学、考试命题、评估的依据,是教材的编写者、教学的实施者、教学效果评价者共同遵循的准则。因此,课程标准自然是我们制订课堂教学目标的重要依据。

此外,在制订教学目标过程中应充分考虑语文素养的全面性,以使其更加饱满。"语文素养包括语文能力和语文知识、语言积累、思想情感、思维品质、审美情趣、学习方法、学习习惯等多个方面。"

2. 深入了解文本

教师通过文本解读,尽快与作者的写作意图以及教材编写者的编排意图达成一致,找准阅读教学的切入点和学情的起步点,筛选出有价值的教学内容,进一步从选定的教学内容中确立相应的目标,并提炼出核心的教学目标,也就是我们借助教材这个"例子",要完成"教给学生什么"这个任务。

3. 准确了解学情

制订教学目标,还有一个重要的维度,那就是对学情的把握。如果把整个小学语文学习过程比做一次长长旅行的话,那么,教师就必须要随时了解我们的孩子从何处起步？他们总体到达了什么地方？他们将继续往哪个地方前进？所以,我们对学生曾经掌握了什么和将要掌握什么、孩子已经有了哪些本领和将要练习哪些本领等要有一个清晰的了解。

4. 掌握反馈信息

教学信息，尤其是反馈信息，对教师来说，可以掌握目标达成的现状和差距，从而通过调控及不断纠正教学中出现的失误，调整教学的密度和速度；对学生来说，反馈信息可以强化追求目标的意识，尤其对学习较困难的学生来说意义更加重大。目标教学理论认为，潜能生的出现大多数是由于学生在学习过程中的某一失误和累积造成的。诸如字、词、句、篇等方面的知识以及听、说、读、写等方面的技能，如果这些方面的失误没有及时被诊断出来，没有及时得到矫正，就会成为学习新内容的障碍，继而就会出现更大和更多的失误。原有的失误和新失误累积起来，就形成了学习新内容时更大和更多的障碍。如此恶性循环，便会到了再也不能学习新内容的阶段。

如诗课堂

灵活扎实达成目标

让教学目标更饱满这一语文新课程理念是在对传统语文教学经验总结之上，根据现代语文教学的要求提出来的。它体现了语文课程人文性与工具性的统一，思想性与审美性的统一，强调了教学目标在语文学习中的指导地位，凸显了现代社会对语文能力的新要求，突出了语文课程的实践性本质，为教学工作的开展提供了理论依据。

《真正的愤怒》是沪教版四年级语文教材中的一篇课文，课文叙述了在炎热的暑假"我"和朋友途经西北地区的"五棵树村"，被汗水渍痛的"我"向一个小姑娘要水，那小姑娘经一位老妇人同意后，给了我一碗浑浊的水，"我"用这水洗脸，不料引起了老人和小姑娘极大的愤怒。文章语言生动细腻，描写细致入微，极具可读性。凸显了我国西北地区的人们饱受缺水之苦、视水如命的状况，再现了当地人民不愿屈从命运，为改变这一状况所作的巨大努力。

在了解了文章的中心思想，并深入地吃透文本之后，要从长长的文字中提炼出教学目标，这就要求教师在文本解读过程中善于对教材的教学价值进行把握和筛选，对文本中的教学内容进行合理取舍，选择语言文字运用的内容，给学生提供学习语文的实践机会。这需要教师在解读文本时有善于发现文本语文教学价值的意识。我们不妨借鉴华中师大郑桂华老师的做法，从"是否具有语文特点，是否为'这个'文本所特有，是否具备统领功能和核心特质，是否有利于在新的语境中迁移运用"四个维度加以分析判断。如此筛选出来的教学内容，必然能让教学目标明确，重点突出，语言训练扎实，课堂教学自然就省时高效。

自四年级上起的小学教材已不再提供统一的生字表，但这并不意味着不再需要生字教学。文中"孽"字笔画较多，"龟裂"等词语的含义较复杂，这些都是需要老师根据教材与学生的实际情况作针对性的指导。因此，我制订了第一条目标：能独立认识本课生字，理解并积累"龟裂、苟延残喘、水窖、世事洞明、作孽"等词语。

简要复述是本单元的教学目标，虽然四年级上已有复述的练习，但明确简要复述的要求却是首次，必要的指导不可或缺。为此，我将目标二制订为：默读课文，能按事情的发展顺序依据提纲简要复述课文内容。

学生和我们是不同时代出生的两代人，他们和我们在兴趣爱好、人生观以及价值观等方面有很多不同，我们不能用我们的眼光去看这些学生，更不能用我们的思想去要求他们。教材中有的内容学生知道得很多，但有的却根本不知道，而有些东西他们根本就不以为然。所以，我们只有去研究学生才能对我们的教材进行取舍，才能让我们的课堂成为学生向往的课堂。在本文中，细节描写是一大特点。生活在东部沿海地区的大都市的孩子并不能体会到西北地区饱受缺水的状况，因此，需要在课堂上给学生充足的时间去研读细节，让学生们去感受那里人们对水的极度珍视，进一步理解祖孙二人的行为，并充分表达对"真正的愤怒"的理解，从而升华主题。于是，我制订了第三个目标：通过对人物细节描写的研读，感受祖孙俩对于水的珍视，体会导致"真正的愤怒"的原因。

新课标强调三维目标，尤其是对过程的注重。这里的过程不仅包含知识与技能，还包括情感。在这篇文章中,通过对细节部分的研读,让学生了解我国西北地区饱受缺水的状况以及生活在那里的人们对水的极度珍视,并为改变现状所作的种种努力和付出的巨大代价,从心底深处升腾起对浪费水这种行为的憎怒,懂得珍惜有限的水资源。制订目标四:了解我国西北地区饱受缺水的状况以及生活在那里的人们对水的极度珍视,在为祖孙俩克服缺水困难仍坚持植树护绿的行为感动的同时,懂得珍惜有限的水资源的重要意义。

温馨提示

1. 教师应反复推敲,与同行讨论,克服主观随意性,在知识、能力、情感培养等方面全盘考虑,处理好这几项要求之间的关系,实事求是制订出可行的教学目标。

2. 制订教学目标应因地制宜,具体情况具体分析。教师应很好地掌控班级学生的平均水平和接受能力,基于实际学情来制订合理的教学目标。教学目标太过遥远,会导致学生在学习过程中较早地进入学习疲劳区,产生畏难和自暴自弃的负面情绪;教学目标太过简单,容易导致学生较早地进入学习枯燥期,将剩余的精力投入到其他方面去。

3. 教参是辅助工具,教师不可生搬硬套,要做到切合实际。

(撰稿人:张　颖)

千岩万壑不辞劳,远看方知出处高

课堂教学目标是指教学活动预期达到的结果,是教育目的、教学目标和课程目标的具体化,也是教师完成教学任务所要达到的要求和标准。教学目标饱满了,后续的种种设计才能促进课堂的有效开展。所以在教学过程中,对教学目标进行评价尤显重要。泰勒指出:"评价是一个确定实际发生的行为变化的程度的过程。评价过程实质上是一个确定课程与教学计划实际达到教育目标的程度的过程。"由此可见,教育目标是课程评价的出发点和依据,是进行课程评价的决定因素。

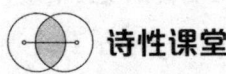

诗性课堂

涓涓细流汇山泉

"千岩万壑不辞劳,远看方知出处高。"出自唐朝诗人香严闲禅师《瀑布联句》,它为我们展现了这样一幅壮观的画面:在深山之中,有无数不为人知的涓涓细流,腾石注涧,逐渐汇集为巨大山泉,在经历"千岩万壑"的艰险后,它终于到达崖前,"一落千丈",形成壮观的瀑布。

我们每一位老师,在教学中形成的教学智慧,不正如那涓涓细流?如果能集合这些智慧,汇集为巨大山泉,那将是多么壮观的场面!所以,加强团队教研活动,凝聚教研团队的智慧,以教学目标为抓手,以目标评价为手段,根据目标的达成度进行评价、调整,从而打造优质课堂。

诗漾课堂

目标评价促教研

1. 根据教材与学情制订教学目标

制订教学目标必须以《大纲》为准绳,以教材为依据。在制订目标前认真钻研教材,明确所教的内容在整个小学教学中所处的地位和作用,认真钻研所授课文内容,这样制订的教学目标才能重点突出。

研究学情也是教学目标确定的关键点,如学生是否具备了学习新知识必须的条件,学生到底掌握了哪些要求掌握的知识,哪些知识学生可以自己学会,哪些知识需要教师去教,哪些地方可以作为学生的亮点出现……只有对学生的学习情况有了深刻的了解,才能制订出切实可行的教学目标,因材施教。

2. 对教学目标进行初步的可行性评价

教学目标制订是否合理?是否能突出重点?是否能实现因材施教?这些都关系到课堂教学质量的高低,绝不能待到教学后再去慢慢评价,所以在教学前,首先要对教学目标进行初步的可行性评价,这时教研组团队的智慧显得很重要。

通过教研团队的研讨,对教学目标的可行性进行初步的评价,不仅可以实现教研组老师间的优势互补,也能更有效地提高教学质量,保证教学实效。

3. 对目标达成度进行进一步的评价

对目标达成度的评价,旨在总结经验,有助于老师自身教学水平的提高,也是教研组集体提升教科研水平的一个契机。

对每一个目标达成度逐一进行评价,从而剖析课堂,发现亮点,找出症结,指导之后的教学工作。

目标达成度的评价还应着眼于学生、立足于学生,把每个学生的学习状况置于评价体系中,引导、组织学生对各种教学资源进行采集和取舍、分析和利用、综合和概括,尊重学生取得的点滴收获,为学生喝彩,善待学生出现的错误,帮助他们改正,注意每一个孩子头脑中跳动着的思维火花。

如诗课堂

目标指导显成效

那次我执教的是《鲍叔牙真心待友》一课,这篇课文讲述了鲍叔牙真心对待好朋友管仲的故事。我首先制订教学目标,并根据目标初步设计了教学方案,教研组评价活动就此展开。

1. 团队合作,始于目标评价

首先我们对第一目标进行评价:自学本课新词,读准字音"鲍、仲",理解"形影不离"等词语的意思。有老师建议:"对于'鲍'、'仲'两字,学生自读时不会读错,以此为目标,低估了学生的能力;倒是'赚'、'桓'这两字学生总是读不准,尤其是'桓'字,由于上海地区的学生的发音总不能到位,容易读错。""我也有同感,此外课题中的'真心待友'一词,是全文的主线,应该引导学生理解感悟,尤其是'真心'两字,其分量是何等地重啊!"一位老师研读了课题后,如此评价。又一位老师思索了一会儿说:"词语的积累与整理息息相关,全文围绕一个'友'字展开,关于友谊的成语还有'形影不离',那么,我们大可以此词为引子,让学生将所知的关于友情的成语进行一次整理汇总,这般语言的积累可助学生语言能力的提高。"一语又引发了其他老师的思考:"除了好词,也应该让学生收集一些关于友情的名言交流,这样既是好词好句的积累,更有助于学生对本课文本主旨的领悟。"……于是,综合老师们的评价,教学目标便修改为:学习本课新词,读准"鲍"、"仲"、"赚"、"桓"的字音,理解"形影不离"、"真心待友"词语的意思,并积累有关朋友之间友情的成语和名言。

原定的目标二是这样的：能默读课文，通过加小标题的方法，把握课文主要内容。老师们谈及现在网上流行的"四快"学习法，这是一个高效的学习方法，其中有一"快"名为"读得快"。"我们的学生已经是五年级第二学期，默读课文的能力较强，在此基础上，可以有意识地提高学生的阅读速度，这可以提高学习效率。"老师们对此建议表示了赞同。对于通过加小标题把握课文内容的方法，许多老师表示了肯定："列标题的第一目的是为了提炼事例，而只有提炼了事例，才能更好地把握课文的主要内容。"此时，一位德高望重的老师"咬文嚼字"了起来："'加小标题'这一想法很好，可以培养学生的归纳能力，但对于这一提法，我给个小意见，应将'加'字改为'列'，即罗列之意，这也体现了语言的准确性。"就这样，第二个教学目标成型：能快速默读课文，通过列小标题提炼事例，从而把握课文主要内容。

对于目标三——在了解课文内容的基础上，展开想象进行创造性的复述。老师们各抒己见：(1)如果学生只是停留在了解课文内容层面，复述将缺乏生动，想象更无从鲜活。应该引导学生对文本进行深入品读，才能真正知其意，明其义，如此寻到本源，想象才能合理，创造性复述才能水到渠成。(2)复述不必是全文复述，这是由于授课时间有限，应该在有限的时间内做最高效的事，所以不妨选择文中的一则故事进行创造性的复述。(3)复述有难度，可以引导学生开展合作学习，在合作中分享智慧，在合作中提高水平。综合老师们的评价，第三个教学目标最终确定为：在理解、品味课文语言的基础上，选择文中的一个故事，与同学合作，展开想象进行创造性的复述。

对于第四个目标：感受鲍叔牙与管仲之间的真诚友谊。教师们的讨论也更深入了——鲍叔牙如此真心待管仲，仅仅是因为他们是好朋友吗？为了朋友不惜自己的生命，不惜自己的理想与抱负，是不是"迂"了些？在进一步研读课文之后，老师们聚焦于出现在第二个事例中鲍叔牙说的一句话——"我总以为，他比我有本领，有胆量，总有一天，他会干出更大的事业。"通过对这一句的挖掘，可以说让我们找到了鲍叔牙如此真心待友的深层次原因：鲍叔牙如此真心待管仲不仅仅是他们从小是好朋友，更是因为鲍叔牙在与管仲的相处中认识了他的才干，管仲的才干是治国大才，应该说鲍叔牙是极具国家情怀的志士，为了国家，他愿意一路保护管仲，即使是自己的大好前程，也可为朋友选择牺牲。评价至此，我对文本的理解，已跃上一个新台阶，且深深地感到，应该帮助学生真正领会如此高尚的精神。随即，教学目标四确定为：感受鲍叔牙与管仲之间的真诚友谊，懂得为朋友作出牺牲是高尚的行为。

2. 教学打磨，忠于目标评价

根据拟订的教学目标，我整理了教学思路，上了第一堂试教课。教学由"友情"始：一曲《高山流水》让学生重温"知音"的可贵。而后引出堪称古今知心挚友的典范的"管鲍之交"。"管仲与鲍叔牙究竟有着怎样的交情？竟能成为古今人人称颂的典范？"带着寻求答案的冲动，同学们认真地读起了课文，也一下子找出了三个事例。

可是，在列小标题的过程中出现了问题。显然学生们在列小标题方面缺少经验和自信，课堂气氛一下子冷却了下来，虽然第一个小标题在老师帮助下列出，但关于另两个小标题的罗列，学生总是抓不住要领，最后还是在老师"连拖带拽"式的帮助下，勉强完成了三个小标题的罗列。一波未平一波又起，当我要求同学们选择一例，与同学合作，抓住关键语句深入品读时，多数同学集中研读"出资助友"与"以身护友"这两个片断，而对"辞官让友"这一片断的分析不深入，这一情形在创造性的复述中表现得尤为明显，多数同学不会选择最后一例进行复述，只有一位同学选择了这例，但复述欠生动，这究竟是什么原因呢？

课后，老师们又集中到一起，对教学目标的达成度进行了一番评价。老师们一致认为：第一次试教问题出在与教学目标的啮合度不高上，第二、三、四目标未能很好达成。

如何才能有效达成目标？毕竟概括小标题需要很强的概括能力，而这种能力不是一蹴而就的。如何引导五年级学生获得这种能力？大家陷入了思考。"我认为应该先教授孩子们概括小标题的技巧，列小标题关键要抓住要点，简明醒目，小标题的形式尽量要保持一致。"一位老师拨开了云雾。但让学生一下子做到"抓住要点，简明醒目"可不易，如何由简入难？在座老师群策群力，最终出炉了这样一个方案：在阅读课文的基础上，让学生们先用"在什么情况下，鲍叔牙怎么样"的句式来概括这三件事，而且以此为基石，提炼出小标题。第一个标题老师应该帮助，让学生明确在提炼小标题过程中应做如何的取舍。

针对学生对于"出资助友"与"以身护友"的品读到位，但根据文章情感脉络的推进，"辞官让友"的事例应该是一高潮，为什么这一高潮在品读中不能得以体现？有老师从学生的角度开始析疑："管仲的职位高于鲍叔牙，其他官员议论一下也是常理，此时倒应该是管仲去安慰鲍叔牙才是，鲍叔牙度量再大，也不至于为了减少朋友升官的舆论压力而放弃自己的前程，这有些不合情理，学生读来情感自然不到位了。"是呀，任何事件的发生都有其历史背景，语言文字也应该依托于历史这一大背景，我们当即开始查阅相关资料，不久，事件真相浮现，原来"当年管仲辅佐的公子纠与鲍叔牙辅佐的公子小白争夺王位，最后小白当上了国王（史称'齐桓公'），把管仲囚禁起来。齐桓公本让鲍叔牙当丞相，鲍叔牙却大力举荐管仲：'管仲宽厚仁慈，忠实诚信，能制订规范的国家制度，还善于指挥军队，这都是我不具备的，所以请任管仲为丞相。'齐桓公不同意，鲍叔牙又说：'我听说贤明的君主是不记仇的。更何况当时管仲是为王子纠效命。一个人能忠心为主人办事，也一定能忠心地为君王效力。陛下如想称霸天下，定要任用管仲。'齐桓公终于被鲍叔牙说服了，任管仲为丞相"。

通过多次的教学研讨，一堂全新的《鲍叔牙真心待友》展示课获得多方肯定，这是我们集体合作的成果，这是目标评价的成效。

温馨提示

1. 在目标实践的过程中，务必要坚持把好"验收关"，即评价。要以教学目标为评价依据，对教学进行定量和定性分析，进一步提高目标达成度。

2. 目标管理不是一个静态管理模式，它应该是在动态中发展的，要适时调整目标或追加目标，才能达到最佳效果。

（撰稿人：唐宁宁）

纸上得来终觉浅，绝知此事要躬行

教学目标是对教学活动结果的预设，是整个教学过程的准绳。它是根据教学内容、课程标准以及学生实际制订的，是备课和上课首先要明确的问题，因为它决定着一节课的教学内容、教学方法以及教学的组织形式，起着导向作用。现代教学理论和实践证明：有效的教学必须先具备有效、饱满的教学目标。因此，在实际教学中，我们不能盲目拟订，应在充分钻研教材的基础上，根据教学内容与学生的特点，制订切实可行的教学目标，使教学目标具有可测性、科学性、准确性、可行性、系统性。

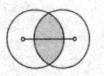

诗性课堂

"以旧学新"实现迁移通畅

"纸上得来终觉浅，绝知此事要躬行。"纸上得来的东西感受总不是很深刻，要真正弄明白其中的深意，往往需要来自生活实践中自身的真实体验。"纸上得来终觉浅，绝知此事要躬行"旨在强调教学目标的制订一定要切合实际。教学目标在制订的过程中，一定要切合学生的学习实际，切忌太高，也不能太低。既要符合学生的实际学习水平，又要符合"最近发展区"的原理，通过知识的迁移，使学生头脑中储存的信息得到复活，使之能顺利地在新的刺激下参与新知的建立或旧知联系的改组，促使已有的知识得到扩充和发展。

诗漾课堂

用教学目标引领教学

教学目标是指教学活动实施的方向和预期达成的结果,是一切教学活动的出发点和最终归宿,是指与教学或训练有关的而并非与教育有关的目标,也称行为目标。因为教学目标是师生通过教学活动预期达到的结果或标准,是对学习者通过教学以后将能做什么的一种明确的、具体的表述,主要描述学习者通过学习后预期产生的行为变化。基于对教学目标的描述,我认为在小学数学教学中,确立教学目标时应从以下几方面入手。

1. 依据课程标准确立教学目标

课程标准作为一种教学文件,具有规范和指导作用,是我们确定教学目标的出发点和最终归宿,是我们设计教学目标的根本依据。

2. 依据教材的重难点确立教学目标

凭借教材让学生在数学学习实践过程中形成、提高数学学习能力。数学学科在教材内容与教学目标的对应上比较明显,教学的重难点是什么,学生要掌握什么,要训练什么,要达到什么程度,都可以根据教材内容来确定教学的目标。

3. 依据学生已有知识基础确立教学目标

任何一种知识对于学生来讲都不是空白的,了解学生原有的知识水平、思维方式、情感态度,是不拔高目标不降低要求的前提,可以帮助教师更好地在学生认识最近发展区有效组织教学。新的基础教育观认为,教学实践活动应充分考虑学生的现有状态和发展状态。这个理念启示我们,教学活动要以学生的现状来确定教学的起点,促进学生进行有效的学习和发展,确立并实现教学目标。

如诗课堂

旧知——描绘"五彩天地"的主色调

学生在学习数学的过程中,并不是由一张"白纸"开始的,他们有着自己的"五彩天地"。我们"要重视从学生的生活实践经验和已有的知识中学习数学和理解数学",有效地利用学生数学知识的迁移,让孩子在自己的"五彩天地"内绘出一片缤纷。学生的认知结构,只有在经历学习活动的过程中才能完成。只有学生本人的积极思考、主动探索,才能有所发现、有所创新。但在不少学校里,我们仍常常见到这样的现象:学生尽管像容器、接收器一样把教师传授的知识全盘接收,可到面临实际应用时,却一筹莫展,束手无策。这种"高分低能型"人才现象清楚地告诉我们当今的教育不能仅仅满足于知识的传授,而应该注重培养学生的能力和技能,尤其要把培养学生的知识迁移能力摆在首位。

我在执教三年级下册《用两位数乘》(因数末尾有零的乘法)一课中,进行了一些有益的尝试。

1. 由旧知识向新知识的迁移

观察下列算式中两个因数有什么特点?

出示:60×50 240×20

师:你是怎么口算的?

生1:先把0前面的数相乘。

生2:把0抹掉后再相乘,抹掉几个0就在积的末尾添上几个0。

生3:数一数两个因数中一共有几个0,就在积的末尾添上几个0。

师:生1、生3合起来就是我们口算的方法(板书口算方法),你能用口算的方法进行笔算吗?

小组讨论：因数末尾有0的笔算乘法和口算方法一样吗？

生1：一样。

生2：都可以先把0前面数的相乘。

生3：数一数两个因数中一共有几个0。

生4：只是把横式写成了竖式……

我们在教学中要注意让学生牢固掌握已学的知识，并用这些知识去分析、探讨相似内容的知识，即用已知来探讨未知。本节课并没有复习三位数乘两位数的笔算，而从口算乘法迁移到笔算乘法，小组讨论并用口算方法和笔算方法进行类比，把过去遇到的知识技能用到将来可能遇到的情景中去，关注学生的已有经验和认知水平，是新课程理念最好的体现。

2. 由理解向表达的迁移

师：你能运用因数末尾有0的笔算乘法解决生活中的问题吗？

出示材料，特快列车每小时可行驶160千米，普通列车每小时可行驶106千米。

师：读材料，你能提出什么问题？

生1：特快列车比普通列车每小时多行驶多少千米？

生2：普通列车每小时比特快列车少行驶多少千米？

生3：特快列车3小时可行驶多少千米，半小时呢……

学生思维活跃，踊跃举手，出现课堂的高潮。

对知识由理解向表达的迁移，很多人对此有一种错误的认识，认为表达是语文学科中的事，与数学无关。其实不然，理解是掌握知识的前提，而表达则是掌握知识情况的标志。对知识和技能来说，理解知识是掌握知识形成技能的首要条件和前提，而对知识、技能的表达则是人们是否真正理解、掌握知识的一种重要标志。任何人都不会否认这样的事实：如果一个人不能将知识表达出来，是不能算对知识已经理解和掌握的，尽管对知识的表达方式不尽相同。本课并没有直接出示例题中的问题，而是让学生自主提问题，给学生一个表达的机会，较好地解决了许多学生似懂非懂、思路不清晰的问题。

3. 由理论知识向实践的迁移

师：下面，老师带同学们到数学王国遨游吧！

第一关：首先来到的是数学门诊部，请你当医生哦。

计算 225×16 时，积的末尾没有 0。

650×40 = 2 600（   ）

师：当完了医生，我们再去哪里呢？

第二关：选择超市

400×520 最简便的写法是（   ）

两位数与三位数最小的积是（   ）

508×40，它们的积是（   ）（估算猜想）

师：请你当小小设计师。

第三关：设计广场

（   ）×（   ）= 2 400

数学活动有三个层面：直观感知层面、认识理解层面、结合生活综合运用层面。学生通过学习理解，掌握了一定的理论和知识，而学习掌握知识技能的目的在于在实践中加以运用。在综合运用层面，本课创设了数学王国的情境，以数学王国为主线，让学生经历了"数学门诊部"、"选择超市"、"设计广场"三个画面，课堂的趣味性浓了，实现了理论知识向实践的迁移。尤其是"设计广场"这一环节，真的是波澜起伏，孩子们通过相互合作、相互交流、相互促进获得了成功的体验，增强了学好数学的信心。

温馨提示

1. 避免机械性学习，提高对所学知识的理解程度。
2. 关注新旧知识的联系与区别，寻找新知识的固定点。
3. 创造条件，使学生形成数学思想。
4. 提倡发散性思维，强调一题多解。

（撰稿人：张益聪）

第二章　厚实：用宁静守望生命澎湃地绽放

"厚实"是文化的积累和沉淀，须用生命、用激情、用创造、用思想来充实。它是唤醒生命内在的精神力量，努力践行而达到的终极目标。厚实丰富的内涵并不需要过多的热烈澎湃的教育理论、措施、方法或形式，它更需要的是一种宁静。只有凭借一颗宁静的心，以一种稳健的步伐，才能脚踏实地地逐渐走进优质的境地，走入美丽的星空。

横看成岭侧成峰,远近高低各不同

作为一名教师,要积极开发课程资源,精心设计教学过程,努力为学生创设各种途径,培养学生的语言表达能力。小学语文课文文质兼美,许多课文中藏匿着的空白点是最佳的课程资源。所谓课文空白点是指文中未直接描写,但与文章主题关系密切,可充分挖掘,充分进行思维训练的句或段。教师应根据学生的情况来处理这些教材留下的空间,引导学生依据课文情节内容,结合生活体验,展开想象,合理地补上课文言语的空白、情感的空白以及意境的空白,使课堂教学更加富有创造性,从而激发学生的想象力,使学生的语言表达能力得到提高。

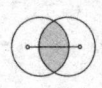

诗性课堂

补白的创造性思考

"横看成岭侧成峰,远近高低各不同。"这句诗出自苏轼的《题西林壁》。诗句意思为:从正面看庐山,它是一道横长的山岭;从侧面看庐山,它是一座高耸的山峰;从不同距离、不同高度去看,呈现在你眼前的庐山,都是各种互不相同的形象。因此,多角度的观察,才能真正看清它的面目。

语文教学中的文本补白是指站在文本不同的角度去挖掘文本的空白点或生发点,引导学生依据课文情节内容,结合生活体验,展开想象,合理地补上课文言语的空白、情感的空白以及意境的空白。这样做的目的就是让学生对课文有更深刻的理解,学生的理解不同,补白也不同,体现了他们对课文的不同理解,这种补白是一种创造性的思考。所以,在语文教学中,我们为了培养学生独立思考的习惯,为孩子们以后的创作打下坚实的基础,就要善于利用课文中的留白,让学生在补白中掌握知识。但是,我们现在的阅读教学中往往缺乏对课文内容展开的想象,缺乏对生活经验的联系,使学生在阅读文章的时候,容易对课文产生片面理解。

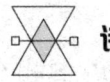

诗漾课堂

让生活与文字碰撞

如何引导学生在恰当的地方进行个性补白,使学生的生活经验与课文内容产生火花的碰撞,达到既能发挥其发散性思维,也能养成良好的读书习惯,更能提高学生阅读和创作能力之境地,主要有以下几点做法。

1. 链接背景,领会文章意思

要想提高学生的语言表达能力关键要让学生有话可说,在小学阶段的语文教材中,有很多课文都可以利用课前背景资料收集的方法,让学生预先了解课文,融入课文。如学习课文《赵州桥》《五彩池》《秦岭兵马俑》时可以让学生了解赵州桥、五彩池、秦陵兵马俑的地理位置以及相关知识;学习《赤壁之战》《狼牙山五壮士》《手术台就是阵地》等课文时可以让学生先了解当时的时代背景。通过对背景材料的学习,使学生了解课文所要表达的思想感情,从而激发了学生说的欲望,学生的语言表达能力得到了训练。

2. 巧抓课题,诠释文本内涵

题目反映了文本特性,是文章的一部分,有的反映出作者的情感态度,有的突出故事的主要情节,有的表示出鲜明的文体特点,但都无法把文章内容揭示出来,所以,在教学时我们可抓住课题这一"空白",让学生凭借题目猜内容,发展学生的思维广度,训练学生的口头表达能力。如执教《"走"完长征的婴儿》一课,揭示课题时,我提问:读了课题你有什么疑问?学生立即回答:有的说,"走"字上面为什么加引号;有的说婴儿怎么会走完长征;也有的说长征是什么。又如教学《鳄鱼的争斗》一课时,我采用先板书课题,在学生读题找出重点词语"争斗"后,启发学生从课题中产生疑问:鳄鱼为什么会争斗?是怎样争斗的?从而,十分自然地引起学生对课文的兴趣,产生求知欲,有利于抓住文章学习的重点。这样的设计,很好地挖掘了课题中的这一"空白",激起了学生进一步深究课文的兴趣,可以让学生了解到文章的内容和实质,窥视到文章的思路,理解文章的脉络,把握文章的中心。

3. 精彩句段,丰富景致画面

在小学语文教材中,课文中有些内容因为与主题关系不大或是受篇幅的限制,作者进行了略写。然而,这里同样蕴含着丰富的思维内容,如果能充分挖掘这些潜在的因素,让学生以自己的生活经验去扩展想象,则能够丰富学生的语言,实现对文本的充实,让文本更丰满。又如一些课文片段在表达情感的时候,故意引而不发,只是借助于一些神态、动作来表达,留下课堂学习的空白点。这时,教师就要抓住这些课文片段的空白点,创设情境,移情体验人物丰富的内心,提升学生的感悟能力。学生在移情体验中训练了表达,丰富了情感。

4. 插图代白,进行合理想象

插图是教材的一个重要组成部分,它与课文有着密切的联系,反映了课文的某一内容或场景。在很多文章中,人物对话、神态或故事情节出现空白点,可以借助插图,让学生仔细观察,充分发挥想象。这样做既能够加深理解课文内容,也有利于提高同学们的观察能力和表达能力。如《攀登世界第一高峰》中队员们历经千难万险登上高峰后展开了鲜艳的五星红旗,文中没有具体描写队员们登上高峰后的语言、动作,只有一幅插图,图上画出了队员们的动作和神态。人物的语言、心理活动等虽然画不出来,但通过联系文本,仔细观察插图,充分发挥想象,是可以推想出来的。

5. 品味标点,感悟文本意蕴

秦牧先生曾将标点符号形象地比喻为"文章中的无名英雄",在教学中如能很好地关注标点,往往能产生意想不到的效果。如在教学《慈母情深》一课时,我重在引导学生关注文中的几处省略号。一处,"背直起来了,我的母亲;转过身来了,我的母亲;褐色的口罩上方,一双疲惫的眼睛吃惊地望着我,我的母亲……"二处,"母亲说完,立刻又坐了下去,立刻又弯曲了背,立刻又将头俯在缝纫机板上了,立刻又陷入了忙碌……"学生不难理解,这里两处省略号的作用是省略内容,省略了母亲辛劳的形象。引导学生进行想象说话,不仅使学生体会到母亲的辛劳和对孩子的慈爱,也让学生感受到文中的"我"内心的思想碰撞,对母亲的敬爱之情。重点关注省略号,巧妙地设计,有效地引导,就能使我们的学生收获得更多。学生在填补空白的过程中,不仅真切地感受到了作者的语言和表现形式,而且加深了学生对语言本身的印象,增强了语言积累的效果,同时也理解了这个省略号"此时无声胜有声"的作用。

6. 结尾留白,升华情感体验

有的文章写至高潮时,特意不写结局,留下一段艺术空白,这正是教师引导学生放飞思绪、捕捉情感的蓄积点,加深对文本理解感悟的最佳处。在教学时,我们发现有不少课文可以在结尾处进行个性想象。比如《看不见的爱》,写了一位母亲为了让她的盲孩子能像别的孩子一样用弹弓打玻璃瓶,耐心地陪伴并鼓励孩子,最后当"我"认为孩子打不中转身往回走时,传来了瓶子碎裂的声音。这时可以引导学生想象说话,丰富体验人物情感。孩子打中玻璃瓶后自己的表现是怎样的?母亲的表现又是怎样的?离开的"我"又会有怎样的想法?学生的回答有:孩子高兴地跳了起来,扑向妈妈的怀抱;母亲宠爱地抚摸着孩子的头,为孩子最终获得的成功而骄傲……通过这样的训练,学生的体验在交流中不断碰撞,不仅展现了体验的丰富性,更加深了学生对文本的理解。

如诗课堂

走进心灵深处的触点

小学语文课文中有许多表现力和概括力很强的词语,有的甚至直接关联到文章的中心意思,这些细节描写常常是我们挖掘教材、把握文本、走进人物心灵深处的最佳切入点。我们要善于寻找文本蕴含的语言契机,巧抓关键词语补白,引导学生在大胆合理的想象中体验课文情感,与作者、文本发生情感共鸣。

如教授《智烧敌舰》一课时,我抓住"惊惶失措"一词的理解进行补白,让学生从侧面理解人物阿基米德的镇定和充满智慧。在教学时我这样设计:

师引读:此时那些柔弱的老人、妇女和孩子,情况怎么样?

生:危险,焦急……

师问:哪里看出危险、焦急?为什么?

生交流:眼睁睁(没有办法、束手无策)、一艘接一艘(多)越来越近、不一会儿(时间短)

师:敌人战舰一旦靠岸,他们就会(被杀死……)

师:大家急得(惊惶失措)

出示一组想象说话的练习题:

一位妇女哭着说:"……"

孩子躲在妈妈怀里说:"……"

一个老人绝望地说:"……"

师引导:人们感到——惊慌、害怕、紧张,这就是——出示"惊惶",人们有没有办法?没有办法就是——失措。惊惶失措就是——谁能连起来说一说?板书:惊惶失措。

师:你能抓住这些关键词语,把情况的紧急和人们害怕的心情读出来吗?(个别、男生)

学生在老师的引导下,一步步理解"惊惶失措",水到渠成,也为后文主人公的急中生智进行了铺垫。这样的补白活跃了课堂,加深了学生对课文的理解,从侧面体会了人物的性格特点,语言表达能力也得到了训练。

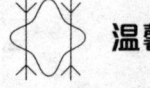

温馨提示

1. 语文教学时的"补白"应适度、适时、适情,不能过度补白。

2. 小学语文教材中各学段的阅读教学重点不一,课堂中的教学补白也各有特点,形式多样,文本中蕴含大量的拓展方法、补白方式,因此,需要教师不断地挖掘教材,在学生理解课文的基础上设计教学补白点,引导学生进行补白、想象、拓展。

3. 尽可能符合文本意愿地去填补文本中的空白点,使文本解读变得"饱胀"起来,从而达到教学效果的最大化。

(撰稿人:彭梅峰)

区区岂尽高贤意，独守千秋纸上尘

品德与社会课作为新型的小学综合课程，实现了以人文社会科学为基础的经验性课程与学科性课程的整合。实现转型的品德与社会课，承担起了小学历史启蒙教育的基本教育任务，也就是在突出以品德教育为核心的同时，让历史启蒙教育为学生的品德教育服务，使教学内容更为厚实。但是历史教学还是有着自身鲜明特点的，要求教师掌握一定的专项教学基本功和必要的教学策略。而借助于年表这一教学工具，可以有效发挥历史启蒙教育在小学品德与社会课程中的价值。

诗性课堂

"区区岂尽高贤意，独守千秋纸上尘"

"区区岂尽高贤意，独守千秋纸上尘。"王安石在写下这句诗时，对记录于史册中的历史的真实性是持否定态度的，但千秋岁月，我们只能从纸写历史中获得，或许真的只是糟粕，难取精华，然而，有一样工具基本上不会太偏离史实，那就是年表。任何历史事件、历史现象的发生发展，总离不开一定的时间，时间是组成历史知识的基本要素，而年表就是一种文字式直观反映历史时间的教具。年表主要有两种类型：一是单纯纪年的；二是纪年又纪事的，一般以年代为序记录大事。所谓历史年表，就是将有关历史的资料依时间或年份先后排列，即将一件发生在某年某月某日的历史事件，以最简单的形式，有重点地记录下来。

诗漾课堂

历史启蒙教育，发挥学科价值

年表对于了解历史起着重要的作用。借助于年表，让学生对历史事件进行时间上的定位，从时间上进行联想，有助于学生了解历史现象之间的因果关系，梳理历史发展的线索，提升学习历史的能力。在小学品德与社会课程中所使用的年表，有单纯纪年的，也有纪年又纪事的，有传统的历史年表，也有教师依据教学需要根据历史资料编撰的年表。

下面就谈谈如何有效运用不同形式的年表开展教学，从而发挥历史启蒙教育在小学品德与社会课程中的价值。

1. 运用中国历史年表进行解读，蕴含民族情感

在品德与社会课堂教学中经常会出现与历史时间相关的知识点，对这些知识点能否准确把握直接关系到能否达成教学目标，从而影响整堂课的教学效果。但是小学阶段的学生并没有历史知识的储备，对历史时间基本没有概念。利用历史年表就能把历史事件、历史现象和历史时间要素有机地结合起来，就能展开历史背景，不仅能解释一些相关的概念，还能解释一些社会事物的形成与发展。

2. 运用特定历史事件年表探究、挖掘隐含价值

虽然品德与社会学科承担了小学阶段历史启蒙教育的任务，但学科的核心价值是品德教育，所以，如果只是进行单纯的历史知识传授，就偏离了学科定位。只有将历史启蒙教育与品德教育有机融合，让前者更好地为后者服务，落实学科核心价值，才能真正体现出历史启蒙教育的价值。

"学而不思则罔，思而不学则殆"，可见，思维能力的培养在学习中的重要性。在

品德与社会课堂上,借助特定历史事件的年表,进行有效的思维品质训练,学生可以了解现实生活中社会事物和社会现象的起源、演变过程等,从而更准确地把握社会事物和社会现象的特征,以更广阔的视野来形成正确的世界观、价值观、道德品质。

如诗课堂

运用年表工具,践行核心素养

在三年级《神奇的疫苗》一课中,教师运用了《人类历史上的严重传染病》这一特定历史事件,两用年表,精心设问,层层深入,把学生带向思考的"深渊"。

人类历史上的严重传染病

发生时间	发生地	传染病	危害
公元前5世纪	希腊雅典	天花	近一半人口死亡,雅典开始走向衰落
公元2~3世纪	古罗马	鼠疫	死亡人数达总人口1/4,罗马帝国开始走向衰落
……			
公元19世纪末、20世纪30年代	亚洲、欧洲、美洲、非洲	鼠疫	死亡人数达到一千万以上
21世纪初	全球32个国家	SARS	全球死亡人数919人,死亡率11%

第一次是带领学生通过这一年表对传染病作进一步了解:请学生读读表格,说说对传染病有什么新的认识。师生互动如下:

互动1:传染病夺取了很多人的生命,传染病太可怕了。

互动2:像天花、鼠疫多次流行,困扰了人类很长的时间。

互动3:传染病会夺去生命,即使幸存下来,有些传染病也会有严重的后遗症(教师请学生结合书本举例说明）。

第二次使用，教师请学生再仔细看看这张表格，对比发生地和危害，说说还发现了什么？这一次的师生互动如下：

互动1：传染病流行的范围很广。

互动2：随着时代的发展，传染病流行的范围越来越广，现在都能波及全球，而传染病所造成的死亡人数大体是逐渐减少的。

互动3：对互动2的结论探究原因。（人类对传染病的了解多了；医学技术进步了；人类预防、治疗和控制传染病的方法多了；等等）

这张年表是教师依据收集到的关于传染病的材料编撰而成的。在使用过程中，教师并没有执着于一步达成教学目标，而是重在对学生思维品质的训练。通过两大问题后面的追问，使学生的思考有了广度和深度。首先，学生要从时间的推进、地域的广度、危害的程度等多角度去观察思考问题，从单项内容的分析到多项内容的综合，到最后的"综合的分析"，目的是对学生进行思维灵活性的训练，灵活性越高，越善于从不同的角度去全面地分析、思考问题，解决问题。其次，分析年表得出结论后，师生互动时，还应去探究其原因，而不是停留在直观水平上，在感性材料的基础上，由表及里，抓住事物的本质与内在原因，这是对学生思维深刻性的训练。再次，在学习过程中，学生的探究兴趣十分高昂，都积极参与到讨论互动中，在碰撞思维火花的时候，随着情况的变化积极而周密地考虑，正确地判断和迅速地作出结论，这是对思维敏捷性的训练。通过这样一个围绕年表设计的系统训练，学生对于传染病在不同时期的危害程度以及人类应对传染病的措施等有了清晰的认识，再来感受其中疫苗发挥的巨大作用就水到渠成了。

综上所述，可以发现，年表在品德与社会课程的历史启蒙教育中发挥着重要作用。这样的学习过程，既有知识的习得，也有学习方法与能力的训练，培养了学生的历史时间观念，为将来系统学习历史奠定基础，同时注重对学生思维品质的训练，让他们学会从不同角度独立思考，看待问题要全面而深刻，最重要的是用知识来激发情感，突现在小学品德与社会课程中以品德教育为核心，体现历史启蒙教育的价值。

温馨提示

1. 教师在使用年表时，不能是一成不变的同一张，而是要根据教学需要经常调整。有时是朝代年表，有时是都城年表，有时是某些历史事件的发展年表。

2. 使用年表的方法可以是多种多样的，同一张年表依据教学需要还可以有不同的使用方法。

3. 不能简单地用统领性的问题引导学生解读年表，还要通过追问和师生的问答互动从年表中挖掘出有用而全面的信息。

（撰稿人：赵明珠）

接天莲叶无穷碧，映日荷花别样红

荷花是我们学校的校花，因它清香久远，秀雅俊美，寄托着人们心中洁身自爱、不随流俗的高洁追求，象征清雅的品格。我校书画教育传承传统书画之笔墨，结合现代教育之内容。丰富的教学内容，从传统的山水花鸟、半坡的陶瓶、古代的科学仪器、点翠工艺、青花瓷器到现代的展馆教育、建筑风景、风俗人情中汲取精华，开辟了学校书画特色教学的新篇章，在浓淡的笔墨中挥洒童趣，犹如荷塘里的一簇簇莲花，映着清辉别样红润。

诗性课堂

普及书画于课堂　墨染气韵民族魂

民族精神的培养是构建和谐社会的一项奠基工程，是素质教育追求的美好愿景和理想目标，而书画艺术正是蕴涵民族精神的有效载体。探索适应现代艺术教育新内容——展馆参观体验，不断开发乡土教育资源，使教育实践活动系统化。探索适应现代书画教学的新模式——从普及到提高，从校内到校外，从基础到拓展，从传统到创新，使书画教学多元化，促进教师与学生发展。"接天莲叶无穷碧，映日荷花别样红"的诗句意境正如我们校园的文化建设——营造人文环境，丰富校园文化大写意。提高学生学习传统文化的兴趣，调查、采风、临摹、创作相结合，使学生能够基本掌握书画印的主要表现技能技巧,反映和表达自己的感受和认识,提高学生的传统文化表现能力。强调民族文化艺术的思想性、艺术性、趣味性知识的传递,突出民族情感、民族审美观和认知能力发展。使学生能够初步了解、掌握和认识书画艺术的主要种类、形式、风格和特点。在他们的心灵中埋藏下热爱国粹的艺术种子,培育学生感受书画民族艺术审美的情趣和表现能力。

诗漾课堂

厚实课堂大风车　百变锤炼精气神

1. 整合文化,引发探究,推进书画教育的成功开展

书画课程渗透内容以"学生为本",从他们感兴趣的视角去开展教学活动,我们前后开展了书画与古代青铜器创作、书画与《本草纲目》对话、书画与中国神话人物、书画与青花瓷创作以及书画与展馆互动等,如:与929美术馆国画互动、与中华艺术宫儿童画创作展示、与刘海粟美术馆国画展示、与上海展览中心蓬皮杜艺术展学生观展创作互动、每周开设大风车艺术讲堂等,让教学内容不断丰富厚实,贴近学生创作发展需求。力求让学生在每个年级段探究不同主题,这一方面可培养学生汲取优秀传统的文化内容的兴趣,另一方面创新学生的书画表达内容,在参观、学习、获取、整理、创作、展示中,在书画课程内容与实施评价中实践,学生书画的综合创作素质得以提高。

2. 继承国粹,内化情操,推进艺术教育的纵深发展

中华民族有着五千年的辉煌灿烂史,书画艺术作为其中的重要组成部分,它诞于自然,生于劳作,表之于情,达之于意,蕴涵着天地万物,内容丰富多彩,体现着形式美、意境美、节奏美和动态美等美学法则;书画艺术中存在的"神"、"气"、"韵"、"写意"、"抒怀"、"风骨"等美学概念,都构成了中华民族特有的文化特色和审美观,传递着的民族思想情感与艺术情趣也体现出了中华民族的传统文化和传统美德,具有民族凝聚力和

向心力。书画艺术教学,结合多种文化元素,学生在接受教育的过程中,可能会受到他们认知水平的限制,暂时还不能完全理解书画艺术所传递给他们的全部内涵。但是,这些带有浓郁书画创作内容和形式,随着教育会不断影响孩子,会在他们的心灵中埋下朴素的爱国主义思想的种子,会在他们未来成长的道路上潜移默化地发挥作用。

如诗课堂

走进展馆多采集　迁移神采展童真

在实践操作《走进韩天衡美术馆》这一课中,先确立我们的活动目标:一是审美与理解——能了解嘉定的一些书画展馆,欣赏书画作品;能观察分析书画的艺术特点;能了解一些嘉定著名画家的艺术创作历程及其代表作品,从而接受中国书画文化的美感,培养学生对民族文化的认同感。二是探索与发现——能通过欣赏、摄影、速写等方式,学习书画的表现内容及表现形式。能借鉴书画元素构思绘制与自己生活内容相关的书画作品,如进行资料的收集、摄影、网上查询内容及自己用速写及文字表达。三是实践与运用——能通过自己的欣赏体验,创作绘制一幅书画作品,加深对传统书画艺术创作特点的理解。能运用学习积累的艺术智能,在创作中,体会思考生活赋予的艺术创作的乐趣。

再次运用网络资源学习韩天衡美术馆网站:诗书画一体化的独特趣网;韩天衡篆刻创作视频(一)、(二)、(三);韩天衡篆刻艺术网。还参考学校校本教材《和荷之美书画》和《故宫历代印章集》等。

针对活动环节和内容描述,在两个环节中予以体现:在课前准备中:学生准备自己喜爱的国画创作、印章设计、美术工具及材料,记录观赏内容的影像资料设备,不限定任何形式;在导入活动中:积极利用韩天衡美术馆的网站,运用媒体电脑,浏览韩天衡美术馆的收藏作品介绍文字及图片资料。复制自己喜欢的书画及印章作品，让全班学生可以自由观赏浏览，选择自己喜欢的作品。交流：学生表达自己对《走进韩天衡美术馆》中的书画印作品的看法，或交流一些作品中描绘的情节，以及对书法内容、篆刻题材印象特别深刻或有趣味的地方等。

开展活动的采风方式有，活动一：了解韩天衡的创作内容艺术特点。运用《走进韩天衡美术馆》资料复制图片，请学生上讲台看图说，谈自己所喜欢的作品描绘的内容及表达形式。教师运用校本教材及网站内容，向学生介绍韩天衡这位嘉定出生的艺术家的从艺历程及他的创作特点。教师讲解或学生欣赏后感知韩天衡先生艺术与古代书画作品的不同表达之处及他的艺术传承与创意特点。活动二：安排到韩天衡美术馆参观。到嘉定韩天衡美术馆参观，建立学生参观美术馆的基本知识与礼仪。同时在美术影像馆观看《韩天衡先生说自己艺术的历程》片段，加深印象。在作品展示馆一层观赏韩天衡先生的艺术创作作品，并用摄影与速写方式记录自己喜欢的作品内容及表达方式。在美术馆二、三楼欣赏韩天衡先生收藏的历代书画印作品，学生在参观中可欣赏中国书画不同年代的艺术表达特点。

采风活动结束后就可以组织学生的综合创作活动了：让学生分组创作，分印章设计组、书法组、国画创作组，根据小组创作形式及学生创作的内容，请小组联系各自的创作内容畅谈韩天衡先生创作的特点，并在组长的带领下完成作品的创作稿。将学生分组，进行各自的书画印等创作，把创作好的作品在教师事先准备好的展板上进行装裱展示。教师发给学生学习单，以便学生作学习的呈现。

温馨提示

1. 参观活动。让学生在吸纳和比较中，开阔眼界，确立自己的学习目标。

2. 组织媒体教学。浏览网站，学生上网浏览有关信息。利用一系列的媒体教学，提高课堂效益，拓展学生的探究学习能力。

3. 写感悟活动。组织学生写学习活动的心得活动,欣赏名家作品的感悟,创作题材的灵感等。

4. 创作展示。学生们稚拙纯真的书画作品,都是通过辛勤劳动获得的,作品展示是一个不可缺少的教育环节,哪怕就是把作品贴于黑板展示短短的几分钟,孩子们的自信也能在受到尊重和获得成就感的情况下得到提高。

(撰稿人:周　兰)

掬水月在手，弄花香满衣

新课程标准规定小学高年级学生英语阅读能力应达到二级，能读懂简单的故事和小短文，并养成按意群阅读的习惯，并要求小学阶段英语阅读量达到累计 10～12 万字。

英语阅读教学可以促成大量的语言输入，而大量的语言输入又能有效地促进英语语感的形成，并能以直接融入的方式让学生感受英语国家的文化。同时它可以帮助学生获取信息，得到乐趣，提高学生的英语阅读理解能力，使学生养成良好的英语阅读习惯，具有正确的阅读技巧，拥有主动学习的能力和合作的精神。

我们的课堂应该是厚实的。厚实的教学内容，可以让学生达到"掬水月在手，弄花香满衣"的效果。

诗性课堂

感受英语阅读乐趣

捧起清澄明澈的泉水，泉水照见月影，好像那一轮明月就在自己的手里一般。摆弄山花，馥郁之气溢满衣衫。人生只要拥有一份美好的信念，月就会荡漾手中，花香就会在心中摇曳氤氲。对于小学生来说，加强他们独立的英语阅读能力，丰富语言积累和情感体验，从小养成良好的英语阅读习惯，"掬水月在手"，激发学生广泛的英语阅读兴趣,使学生喜欢英语阅读,感受英语阅读的环境与乐趣,增强学生英语阅读理解和分析鉴赏能力,从而能"弄花香满衣"。

诗漾课堂

获得充分的语言实践机会

如何培养小学中高年级学生积极的英语阅读兴趣,克服第二语言词汇量相对缺乏的困难,让学生爱上英语阅读,使学生获得充分的语言实践机会,形成系统的阅读教学策略,掌握综合运用语言的能力,体验学习英语的快乐,可以从以下几方面入手:

1. 收集更多有用的阅读资料,加强英语阅读文本的研究,并在学校班级中建立良好的阅读平台,为学生营造积极的英语阅读氛围。可以以教材为基点,挖掘教材中的可利用资源。同时根据学生的实际生活体验,扩充教材内容,加大学生的阅读量,激发学生浓厚的学习兴趣,让他们有话可说,有深入学习的欲望。

2. 深化阅读课堂教学改革,探求有效的教学手段及模式,形成有效的英语阅读策略。

3. 探索积极多元的阅读评价方式,让阅读训练更为规范化、系统化,并能让学生体验阅读的快乐。

外语教学心理学认为,阅读是一个认识和语言交际的过程,也是极为复杂的生理和心理过程。阅读的过程实质上就是读者对语言信息理解的过程。

教师不仅要向学生传授语言知识和阅读技巧,还要指导学生有目的、有计划地进行阅读训练,帮助学生掌握方法,挖掘潜力,开发智力,培养兴趣,最终使学生能顺利完成阅读任务。

如诗课堂

养成阅读能力，习得阅读策略

1. 课堂"悦读"活动

在牛津教材中，有一篇课文是讲南京路的。南京路，就认知水平来说，对于四年级的孩子而言比较熟悉，它所具有的功能也十分明了，在课文中出现的 can 句型也为孩子们所熟知并能灵活应用。

基于学生、基于本单元的核心语言和本单元的话题，我又对教材文本展开了再构建，为了初步培养学生的阅读能力，我增加了东方明珠电视塔和豫园的拓展阅读教学内容，力求使学生的阅读面更宽广，学会在语境中运用语言，提高对文本的阅读理解能力。以 Amy 得到一套上海景点明信片为话题起点，引出 Amy 的三个计划：Go shopping, See wonderful Shanghai, Eat Chinese food. 在本班三个同学的介绍和带领下，学生分别进入 Nanjing Road, The Oriental Pearl TV Tower, Yu Garden 的学习过程中，以此作为学习的主体文本和拓展文本。

这样的设计方案，加上有效的教学情境的创设，我在教学各环节渗透了阅读内容和活动，指导学生在阅读中习得提取信息的方式和用获取的信息进行交流表达的能力。同时，设计了有效的课堂练习，力图使学生在多层次的练习中形成技能、拓展思维、反馈调节、提炼升华，让他们在听、说、读、写的不断训练中学习语言，体验语言，运用语言，提高学生听说能力、表达能力和阅读能力。

2. 培养策略实践

重点以"悦读"为目的，让学生成为阅读的主导者，让他们真正参与英语阅读的体验实践活动，养成阅读能力，习得阅读策略。

在牛津教材中，有一个单元是描述可爱动物的，通过介绍可爱动物，了解动物喜欢吃的食物，动物和动物之间的友情故事及有关动物的趣事，并能讨论自己喜欢的动物，鼓励学生热爱动物，热爱大自然。我发现，学生们非常爱读关于动物的小短文。因此，我决定选取另外一篇课外文本 *The snowman* 来进行阅读训练。故事文本是这样的：It's winter now. It's very cold in the morning. It's all white outside because it snowed yesterday. Mr Dog and Miss Cat get up very early. After breakfast, Mr Dog wants to watch TV. But Miss Cat says, "Oh, dear! It's very nice outside. Let's make a snowman." Making a snowman isn't very easy, so they work hard. Oh, how nice the snowman is! Mr Dog puts his hat on the snowman's head. After that, they are very hungry. Their lunch is some fish, some bones and a big cake. Mr Dog says, "It's the middle of the day." The snowman must be hungry. Let's give the cake to him." "All right!" says Miss Cat. But the snowman isn't there. They can only see the hat. Where is he?

这个小故事的理解，对于四年级的学生来说，并不困难。那么，怎样读这个故事？我进行了如下尝试：

(1)"悦读"小组的组建以及管理

首先，我根据学生的学习能力、习惯、成绩把不同层次的学生每8人组成一个小组，让他们围坐在一起学习，这样一来，阅读的气氛油然而生。其次，明确分工，各尽其职。选一名成绩好、责任心强、有一定组织能力的学生担任小组长，负责全组的组织、分工、协调、合作等工作。然后，让小组成员共同磋商、集思广益，为小组起个组名，如我班学生就以水果的名字 apple，orange，cherry，lemon 等命名了组名，并共同制订组规，这有利于凝聚人心，有利于形成小组目标和团队精神。

(2)阅读策略的初步培养

初读感悟，了解大意。这个过程，我只给学生3分钟的时间。这个训练过程主要是让学生养成限时阅读的习惯，提高学生阅读的速度和整体思考的习惯。对于不认识的单词，如 in the middle of 等，我让学生抓住文章的主要意思，通过上下文来猜测文中单词的含义。3分钟后，我分别请了四个小组中的一个代表发言。可喜的是，在没有老师的任何指导下，学生们已经能对文章的大意有了很好的理解。

再读故事，质疑解惑。这时候，我引导学生抓住故事中的主要内容和重要信息——When(in winter)，Where(outside)，Who(Mr Dog and Miss Cat)，What(make a snowman),How(nice),Why(it's warm in the afternoon)等,学生以这些词为根据,在文章中用不同颜色的笔来寻找相关信息,就比较容易地理解了文章内容。

分段朗读,准备表演。这个环节要求是:不认识的单词可以借助工具书或电子设备来查阅和跟读,不同层次的学生可以选择适合自己的句子来朗读。

小组合作,上台展示。我发现,角色扮演是孩子们非常喜爱的环节,在这个展示的舞台上,他们惟妙惟肖的声音和夸张的表演,不仅丰富了自己的阅读体验,促进了语言材料的内化,也与同伴分享了阅读的乐趣。

有效练习,及时反馈。最后,针对这篇阅读文本,我又设计了几个问题,让学生独立完成。结果显示,学生们都能很好地完成练习。

3. 快乐阅读体验

每周三快乐活动日的中午,是我们班的"悦读时光(Happy reading time)"。我会选择难度相当、有趣味性的阅读材料,交给四个组的组长,让他们自行分配阅读活动。阅读的要求是:(1)不认识的单词通过查字典学会;(2)对文章的要点进行分析和信息提取;(3)以小组汇报朗读的方式流利朗读文章;(4)用自己的方式复述或角色扮演;(5)改写材料或为文章续尾。每完成一个项目得2星,满分为10星,同时伴以明星组长、最佳"悦读"小组、"悦读小能手"等各种评选活动,大力给予学生表扬奖励。每次阅读活动后评选出的"悦读小能手"可以当小老师,由他来选择下一次的阅读内容,并组织活动。这样的激励措施,使同学们有了强烈的上进意识,推动了英语悦读活动的顺利进行。

4. 课外"悦读"分享

首先,我创设了学校的英语"悦读角",通过学校选购的英语书籍为学生搭建了悦读的平台。学生们常常会在课外时间去翻阅这些书籍,并用我教的方法尝试合作阅读。

除此之外,我的学生们不再局限于我选择的阅读文本,他们在家里也有了自己可以阅读的书籍。学生家长们很支持我的阅读试验,给孩子们购买了适合他们的英语读物,基本上每个学生都能坚持每天阅读一篇英语课外读物。

每周一次的优秀文章摘录是学生们又一次展示自己能力的舞台。每个周末,我会要求他们在英语摘录本上摘录一篇优秀的读物,并能提取部分生词作出解释,尝试自我阅读或同伴分享阅读，周一时我还会评选出优秀的摘抄给予奖励。

因此，通过英语文本阅读的研究实践，学生的词汇量猛增，英语学习兴趣提高了，英语理解能力强化了，在他们的心里会有"掬水月在手，弄花香满衣"的愉悦之情，也能体会到厚实的教学之美。

温馨提示

1. 选择与教材配套的阅读材料。这些阅读材料的主题和内容与教材联系紧密，教材中的词汇、语法、功能结构等在不同篇章中多次重现，利用这些阅读材料进行阅读教学，不但可以巩固教材所学内容，还能提高学生的阅读兴趣和能力。

2. 在阅读训练中，教师一方面要挖掘教材中的兴趣因素，另一方面要注意捕捉学生生活中的兴趣点，并善于把学生虽有所感动却还有不甚明白的课外问题恰当地引入课堂。

3. 在阅读教学中，教师要创造条件，使不同层次的学生都能体会到成功的快乐，并且要不断强化使他们的成功欲望越来越强烈，学习兴趣越来越浓，使他们在轻松愉快的氛围中充分发展自己的思维能力和智慧水平。

（撰稿人：李梦晖）

问渠那得清如许，为有源头活水来

阅读教学是语文教育的核心环节，在开放的语文教育体系中，课外阅读不是游离于语文教育过程之外的"点缀"，更不是可有可无的"软任务"，而是厚实语文教育的一个重要组成部分。但是，从刚入学的学生及他们的家长中了解到，他们的家庭对幼儿早期阅读教育还不够重视，在观念和行为上存在一些问题：首先是家长不理解课外阅读的正确含义，多数家长认为课外阅读就是识字；其次，家庭缺乏良好的阅读环境，特别是缺乏营造良好的阅读氛围；最后，家庭缺乏对孩子进行课外阅读的有效指导。因此，孩子表现出不喜欢看书，不会看书。这些现象引起了我的重视和深深的思考，引导父母科学地指导孩子的阅读，提倡在家庭中开展亲子阅读很有必要。

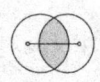

诗性课堂

书是一颗幸福的种子

"问渠那得清如许，为有源头活水来。"这句话出自朱熹的《观书有感》，顾名思义，这是因"观书"而引发的感悟。这句话形象而巧妙地告诉我们，怎样才能让一个人心境如水一般澄澈，精神世界如水一般清明呢？那就是读书，时时补充新知识。

亲子阅读，又称"亲子共读"，就是以书为媒，以阅读为纽带，让孩子和家长共同分享多种形式的阅读，在学生课外阅读当中起到重要的作用。通过共读，父母与孩子共同学习，一同成长；通过共读，为父母创造与孩子沟通的机会，共享读书的感动和乐趣；通过共读，可以带给孩子欢喜、智慧、希望、勇气、热情和信心。

诗漾课堂

阅读是最美丽的休闲方式

为保证亲子阅读顺利进行，必须取得家长的配合。

1. 认识亲子阅读的重要性

首先对任教班级学生进行问卷调查，针对调查中掌握的情况召开主题家长会；然后，举办亲子阅读讲座，让家长充分明了亲子阅读的意义，认识到亲子阅读适合所有年龄的孩子，它的本质在于分享阅读的快乐。家长应当鼓励孩子独立阅读，而亲子阅读正是培养孩子独立阅读习惯的良好方法之一。孩子的阅读，不只是在学校，更多的是在家里。培养孩子良好的生活与学习习惯，家长负有义不容辞的责任。亲子阅读，是一种学习手段，更是一种美丽的休闲方式。通过这种方式，家长教会孩子如何热爱生活、享受生活。孩子的成长也是一本书，多一点心思，多一点投入，收获的其实不仅仅是孩子。

2. 建立家庭小小图书馆

著名作家博尔赫斯曾说过："我总是想象天堂将如同图书馆一般。"家长应为孩子构建一个小窝、一个阅读的天堂，为孩子创设舒适惬意而又童趣化的阅读环境，以吸引孩子进来阅读。在家中选一个光线充足的房间或角落，放置一张书桌，准备一个小书架，地面可以铺设一块卡通图案的地毯，孩子可以随意选取自己喜爱的书籍，坐在松软的地毯上或是书桌前放松自在地去阅读。墙壁上可用孩子与父母共同制作的装饰物进行美化，书本可以或开或合地放置其中，使整个小窝充满休闲和趣味的感觉。相信家中如果有这样一个书吧似的空间，孩子一定会有阅读的欲望。

3. 共同选择合适的书目

有了好的环境,还需要可以激发兴趣的足够的好书。教师和家长应该对孩子的读物进行内容和形式上的双重把关。教育家伊拉斯谟说:"孩子最初阅读和吸收哪一类书籍是十分重要的。不正经的谈话毁坏心灵,不正经的书籍毁坏心灵的程度并不比它差。"家庭藏书应立足"有趣"和"实用"。一般说来,低年级的学生可以选择能够引起他们共鸣、唤起热情向往和兴趣的书,如童话、神话、民间故事、优秀的卡通和漫画等。随着阅读的推进,身心的发展,可读的书籍也可向科普读物等类型靠拢,总之要确保家里有各种书籍,包括儿童杂志和报纸等,并保证足够的数量。

4. 确定固定的阅读时间

一个人无论做什么事,坚持都是最为重要的决定因素之一。阅读也应该这样,有相对固定的阅读时间,从而形成相对稳定的阅读习惯。常常有家长抱怨"没时间",这是一个很现实的问题。虽然基础教育几经"改革",但应试教育的压力,学生的课业负担仍然繁重。家长常常习惯把孩子读非课本和练习册的事情称为"课外阅读",认为多少有些不务正业,可见是多么不重视!"没有时间"从来只是借口。只要家长认为把孩子培养成自觉的、独立的、热诚的终身阅读者是一件非常重要的事情,时间总能挤出来的。坚持习惯,选择固定时间进行阅读。家长要指导孩子学会利用零碎的时间,如早晨、中午、入睡前,五分钟,十分钟都可以。美国教育家霍勒斯曼说:"假如每天你能有15分钟阅读的时间,一年后你就可以感到它的效果。"

◆ 如诗课堂

亲子常为伴,自得读书乐

1. 亲子阅读指导方法的研究:

(1) 亲子听读

在西方,为孩子大声读书是一种文化传统。在中国,为孩子说故事是一种传统,大声读诗文经典是另一种传统,但两者从没有融合在一起。即使在今天,乐意并习惯为孩子朗读文学作品的家长,仍然为数不多。日本著名的图画书之父松居直,在泰国一所大学演讲时,被问及这样一个问题:怎样使儿童喜欢书——是靠文字呢,还是靠画?松居直的回答是:靠耳朵。我们著名的儿童文学家梅子涵先生说:"图画书是拯救儿童阅读的书。"所以,对于小一点的孩子,我们可以从图画书开始,从亲子听读开始,踏上亲子阅读的旅程。

(2) 亲子共读

当孩子一天一天长大,他们认识了更多的字,有了一定的理解能力,这时,家长可以和孩子"亲子共读"。这个过程,并不是单纯的"读"的过程,也不是"大人—孩子"的单项指导过程,而是"阅读—讨论—思考—再阅读—再讨论—再思考……"其中,"讨论"是"亲子共读"中训练孩子学着理解问题、阐述观点、提高听说能力的重要途径。家长在培养孩子良好的阅读习惯过程中,千万不要忽视了榜样的作用。家长和孩子可以坐在一起,读同一本书;也可以坐在不同的地方,读不同的书。遇上好玩的段落,爸爸为妈妈读一段,妈妈为爸爸读一段,那种从阅读中获得的快乐,会很自然地传导给孩子。如此,何愁孩子不爱上书呢?

(3) 亲子比读

当孩子有了一定的阅读能力之后,父母亲还可以和孩子们进行亲子比读,进行故事表演,以美术、音乐、手工制作等方式进行形式多样的创意表达,等等。比如,我的阅读就很局限,文学类的书籍读得多,自然科学方面的书读得就相对少许多。我那上一年级的儿子常常说:"妈妈,也许你的语文知识比我多,可是你的科学知识一定比我少!"老师、家长在和孩子们比试之后,发现各自的不足,可以不断调整自我的阅读口吻,以及阅读节拍。

(4) 在线对话

充分利用学校的网络资源,拓宽班级读书空间。让孩子和家长把阅读同一本书或文章的感受、体会发在网上,以跟帖的形式,分享亲子阅读的喜悦。虚拟的世界,有时会带给我们不一样的精彩和感动。

2. 亲子阅读展示形式的研究

(1) 设置亲子阅读开放日

台湾地区"故事爸爸"、"故事妈妈"的兴起,对我班亲子阅读推广不能不说是一种积极的借鉴。让那些在指导孩子进行亲子阅读方面作出一定成效的家长,让他们到孩子的班级来,为更多的孩子进行亲子阅读。

(2) 组织亲子阅读沙龙

鼓励孩子年龄相仿、兴趣相投的家庭建立家庭读书会,共享图书资源,不定期地举办亲子读书活动,交流经验和方法。学校定期或不定期举办亲子阅读沙龙,由老师和热心的家长共同主持,交流亲子阅读的经验和方法。沙龙的时间由各个班级根据实际情况而定,家长的交流可以是有准备的,也可以是即兴的。

(3) 建立网络咨询平台

利用网络平台,在学校与家庭之间搭建沟通桥梁,引导家长关注孩子在校与在家的阅读活动,获得家长对亲子阅读活动的关注和支持。在家校互动的班级园地上,由专家和有经验的热心朋友为家长们答疑解惑,定期或不定期推荐适合亲子共读的书目,介绍基本内容、适合阅读的年龄范围,以及推荐适合的阅读方法。

(4) 填写亲子阅读记录卡

我们特别设计了"亲子阅读记录卡",每周填写一次,要求家长、学生共同填写,可以是文字,可以是图画,也可以是照片……形式不拘,追求个性化的表现。依照"自我申报,学校评议"相结合的原则,班级每学期进行一次"亲子阅读特色家庭"评选,评出的亲子阅读特色家庭,在班内表彰公布,起到引导、示范作用。

(5) 举办亲子阅读快乐营

班级定期举行亲子阅读主题活动,动员各个家庭根据自己的特点,开展"我爱读书"亲子读书会。举行亲子阅读演讲比赛,开展书香家庭辩论大赛,比一比家长、孩子,谁读的书多等,并举行隆重的颁奖仪式,家长与孩子一起上台领取奖状和奖品,共同享受读书的快乐和成功的喜悦。

温馨提示

1. 提前做好准备:父母应该认识到,与孩子阅读不是一件马虎应付的事情,必须认真对待。

2. 形成规则，让孩子养成习惯：安排固定的时间和孩子一起阅读，并尝试使之成为习惯。这样，每天到了规定的时间时，孩子就会记得要你和他一起阅读。

3. 阅读时也可加入游戏：低年级的孩子可能不会老老实实地坐下来静心阅读，不过没关系，父母完全可以让孩子一边玩、一边通过游戏进行互动。

（撰稿人：居玉蓉）

第三章 立体：看得见人的身影

在满园弥漫的光芒中,一个人更容易看到自己的身影。课堂是丰富学生学习经历的场所,站在你看得见的地方,追寻着自己的身影。在茫茫人海中,或许掠过所有人的身影,最后只是看见了自己。唯有心灵与心灵的对话才会撞击出生命的火花。呈现立体效果的课堂,有利于学生健康、快乐、和谐地成长。

芳林新叶催陈叶，流水前波让后波

音乐可以陶冶人的情操，启迪人的智慧，萌发感受美和表现美的情趣，还可以挖掘和发展人自身潜在的某些能力。我国著名教育家陈鹤琴认为："音乐是儿童生活中的灵魂。"因此，在小学教学中，音乐活动是必不可少的。人的创造力是一种潜在的能力，尤其近年来，人们已经将创造力的培养摆在了教育的重要地位。在小学的音乐教学活动中，教师通过指导学生创编歌词、创编动作、创编节奏等活动来培养学生的创造力，使学生从中得到巨大的个人乐趣和满足，并由此获得积极的人生经验，从而使他们得到更全面的发展。

诗性课堂

多角度培养丰富想象空间

"芳林新叶催陈叶，流水前波让后波。"新事物中包含了旧事物中的优秀成分，旧事物中孕育了新事物中的某些基因。

创造力是所有人都普遍具有的一种能力，也是新世纪人才必须具备的素质，培养学生的创造力就成为当前教育的一个目标，也成为现代教育研究的重要内容。对于学生来说，创造力是一种潜在的能力，它需要我们去发掘和培养。作为教师，在学生掌握基本知识技能的基础上，如何为学生的发展创设更大的立体空间，培养和发展学生的创造力，从哪些方面着手培养？这是我们应该思考的问题，也是我们努力的方向。

在教学中，我发现小学的音乐活动可以为学生创造力的培养和发展开辟一片广阔的立体空间，它虽然没有具体可感的形象，没有强烈的色彩，没有生动的语言文字，然而，音乐以其独特的魅力，常常给人以丰富的想象力，更能激发人创造的活力。为此，我先后研究和尝试了在唱歌教学中引导学生创编歌词、在唱歌表演教学中创编动作、在打击乐教学中创编节奏等活动来培养和发展学生的创造能力。

诗漾课堂

多方面引导挖掘创造潜能

1. 在唱歌教学中引导学生创编歌词

学生天生具有创造力，但它是一种潜在的能力。为学生留出适当的立体空间，从多方面加以引导和培养，是音乐创造性活动的保证。在歌唱教学中，创设相应的歌曲环境，让学生在熟悉歌曲的基础上，根据自己的生活经验，运用自己的语文积累，创编有趣的歌词，既能体验活动的乐趣，又能进一步把握对歌曲的理解和掌握。

2. 在唱歌表演教学中指导学生创编动作

丰富学生的肢体动作。小学生天生活泼好动，在音乐活动中，除了用歌声表达外，他们更喜欢用肢体动作来表现自己对音乐的理解。在学生学习唱歌表演的同时，教师有意识地教授一些基本的简单的舞蹈动作，指导他们根据歌曲性质选择并组合相应的动作来加以表演，不仅能激发学生的表演欲望，还能发展他们的创造力。

培养学生的创新精神。在教学中，创编动作和创编歌词一样，要求有创新求异的精神。因此，在学生创编动作、表现动作时，不仅要及时予以肯定，而且要进一步激发他们创编不同的动作；当遇到难题时，鼓励他们自己去思考、去探索、去尝试。鼓励学生大胆想象，激励学生尽情发挥，同时容纳学生不同的创造行为，这些都是挖掘学生创造潜能的关键。

3. 在打击乐教学中鼓励学生创编节奏

奥尔夫指出：节奏是音乐的生命，是音乐生命力的源泉。他强调从节奏入手进行音乐教育。通过实践我发现，利用节奏进行创编活动的确有利于学生创造力的培养和发展。

利用音乐图谱进行节奏练习。在打击乐教学中，创编节奏并不是一下子就可以开展的，它要求学生有一定的节奏基础。在创编前，先让学生欣赏和了解音乐的旋律和特点，让他们认识一些基本的节奏符号，最重要的是让他们熟悉简单的音乐图谱。之后，开始运用奥尔夫的创造性教学法请他们即兴创编，用音乐图谱展示出他们创编的节奏型，并且让学生互相学习，如此极大地鼓舞了他们创编的积极性和创新意识。接着，可以让学生自己选择打击乐器，看着音乐图谱打击自己创编的简单节奏型。

改编音乐图谱进行节奏创作。在打击乐曲方面，除了让学生创编节奏打击和看音乐图谱打击基本的节奏外，还尝试寻找类似的音乐让他们改编图谱中的一些节奏型进行打击。让学生借助于原有的经验，探索新的事物，发现新的问题，再重新组合成新的内容。

4. 在音乐教学中组织学生进行综合创编

随着学生创编兴趣的提高，创造能力的逐渐增强，在一次音乐教学中进行多方面的创编已成为可能。可以将歌词、动作、节奏的创编融合在一个音乐活动中，组织学生进行多元化创编活动。这种综合了创编歌词、创编动作、创编节奏的音乐活动，对学生创造力的培养会更有利，更能充分发掘他们的创造潜能。

如诗课堂

多元化创编激发学习兴趣

1. 创编歌词

在歌曲《摇篮》的教学中，我首先带领学生反复欣赏歌曲，学唱歌曲，之后我才开始启发他们想想什么是摇篮？摇着什么宝宝？孩子们你一言我一语，编出了优美丰富的歌词，我一一给予肯定。最后，在旋律伴奏下，我引导学生将这些歌词编入歌曲中，他们一遍遍地唱着自己创编的歌词，得意之情、成就感油然而生，创编的兴趣也同时产生。

在歌曲《甜甜的大家园》的教学中，我根据学生的生活经验，丰富创设了果园的环境布置，学生运用自己的语文积累，根据自己对水果的认识，创编了有趣的水果歌词，一边欢快地歌唱，一边表现动作。既体验到了创编的乐趣，也提高了创编的能力。

2. 创编动作

第一次创编动作时，我发现学生编出的动作很有限，有些动作甚至不能与歌词内容相匹配。在经过反复思考后，我采用了让学生广泛接触新事物、扩大视野的方法，在日常生活中根据学生的年龄特点和周围的生活环境，利用各种时机引导他们接触各种新鲜事物，启发他们观察周围的人、物的各种动态，自然界的各种现象，使他们从中得到启迪，并主动尝试着做一些模仿动作，同时教师也教授一些舞蹈基本动作，帮助他们了解基本动作的特征、表现形式。一段时间后，学生认识的事物越来越多，想象力也越来越丰富，也知道哪一类的基本动作适合匹配哪一类的音乐动作创编，动作也就越来越形象，越来越逼真了。

在歌曲《小叶子》中，讲的是秋叶儿随着风儿从树上慢慢飘下来的情景，这一情景孩子们曾在公园参观时看见过，也曾描述过树叶飘下来的感觉，因此，在欣赏了几遍歌曲、熟悉了歌词后，孩子们马上就跃跃欲试地做起动作来。很快地，全体孩子在音乐声中边歌边舞起来，那飘飘悠悠的转圈动作真像是树上的秋叶儿随风飘落下来了。

在唱歌表演《只怕不抵抗》中，对于"儿童团员"这一形象，孩子们曾在书本上、电视里、电影中看到过，对于敲锣、打鼓、吹喇叭等动作，他们也不是十分陌生，因此，在学会歌曲后他们就能边唱边跳了。但是，很快地我就发现孩子们有很多动作都是相似的，有个别孩子仅仅只是在模仿别人的动作，这对于创造力的培养是十分不利的。意识到这一点后，我首先肯定了孩子们的表演，接着马上又提出了疑问：为什么大家的动作是一样的呢？难道只有一个儿童团员？之后，我鼓励他们自己去想一想，再去试一试，经过几次练习和指导后，孩子们的动作就丰富起来了，表情也更生动了。如此不断地鼓励，反复地探索，学生的创新意识在不知不觉中逐渐增强了，同时他们的创造力也得到了进一步的发展。

3. 创编节奏

在起初的创编节奏中，学生缺乏经验和技能，打击的节奏也不是很和谐，在一次次的理解图谱和反复练习后，不仅能一起准确地整齐地打击，还有了创编节奏的信心和积极性。有了良好的开端后，孩子们创编节奏的兴趣更浓了，于是，我开始引导孩子们为歌曲创编简单的节奏，用打击乐器为歌曲伴奏。

在歌曲《头发、肩膀、膝盖、脚》的律动学习中，我针对歌曲中歌词简单、重复、明了的特点，首先启发学生根据歌词指向自己身体相应的部位，使他们具有初步的节奏感；接着，我鼓励他们边唱边拍打节奏，同时启发拍打出不同的节奏来；最后，我请学生向同伴展示自己创编的节奏，尽管学生间的差异比较大，创编的节奏也大相径庭，但大家都体验到了成功感。

孩子们学会了看图谱打击后，我开始让他们欣赏事先选择好的乐曲，如《洋娃娃和小熊跳舞》，诱发他们与《闪烁的小星》作比较，找出其中相同或不同的节奏，并改变原图谱中的一些节奏型，因为学生已经有一些节奏方面的知识，选择的又是他们感兴趣的、易接受的内容，大家在相互讨论、实践后，很快创编出了几组不同的节奏并完整地进行了打击。由此，学生创编节奏的能力又有了提高，他们的创造力也得到了更深层次的发展。

4. 综合创编

在学生在对歌词、动作、节奏的创编都有一定能力的基础上，我便组织他们进行多元化创编活动。在音乐活动《说和唱》中，学生学会了基本内容后，我鼓励他们根据音乐内容进行自由创编。学生从歌词的创编入手，先改编动物名称，再根据动物的动作进行动作的创编，并将歌词与动作同步进行练习，最后，根据动物发声的特点改变其中的几个节奏。如此一来，在一次音乐活动中，学生不仅创编了歌词，创编了动作，还创编了相应的节奏。当表演他们自己创作的作品时，他们都非常兴奋，兴趣盎然。

温馨提示

1. 要在对原音乐作品充分理解掌握的基础上进行创编。

2. 在创编时要给学生足够的时间去思考,教师的引导要适度,要引而不发,做到意犹未尽。

3. 在创编时,给学生营造丰富多彩的物质环境,吸引学生开展创造性活动。

4. 教师抓住有利时机,适时地启发、引导,培养学生想象求异的思维方式。

(撰稿人:金敏霞)

千锤万凿出深山，烈火焚烧若等闲

特级教师黄爱华曾说："磨课、磨人。"磨课的过程，就是提高的过程，是一个立体构思的过程。在教学过程中，不断提高自己的思想认识，充分认识到课堂是学生的课堂，学生是课堂的主人。通过磨课，知道学生的需求和教学方向；通过磨课，创造最合理的教学设计；通过磨课，创新教学理念；通过磨课，对"数学课堂教学的有效性"有更深刻的认识。

诗性课堂

凝聚合力，打造诗性课堂

"千锤万凿出深山，烈火焚烧若等闲。"这句诗常用以象征志士仁人无论面临着怎样严峻的考验，都从容不迫，视若等闲。本文中特指教师们"共学、共研、共享、共进"，以"学生学得有效、教师教得改变"为切入点，凝聚联盟单位成员合力，共同探索、研讨、实践与反思，准确把握课程标准，发掘教学思维力，推行多元评价，实现资源共享、共同发展，抓住每一次不同寻常的磨课活动，让每一个孩子快乐学习、健康成长。

诗漾课堂

锤炼磨合，成就诗漾课堂

一个人的能力再强，终究也只是一颗璀璨的珍珠，如果能把众多的珍珠连接起来，那才是一串美丽无比的项链，不言而喻，团队的作用是多么强大！互相借鉴先进的经验、先进的理念、先进的教学方法、高超的教学艺术，不断锤炼磨合，形成自己的教学风格和教学特色。有了这样的力量，必能成就诗一般的课堂。

1. 理论奠基，初步认识高阶思维

所谓高阶思维，指发生在较高认知水平层次上的心智活动或认知能力。它在教学目标分类中表现为分析、综合、评价和创造。高阶思维是高阶能力的核心，主要指创新能力、问题求解能力、决策能力和批判性思维能力。思维形式是人们进行思维活动时对特定对象进行反映的基本方式，即概念、判断、推理。思维的基本规律是指思维形式自身的各个组成部分的相互关系的规律，即用概念组成判断，用判断组成推理的规律。通过这样形式的联片活动学习到了数学学科各类推理的知识。主要有以下几类：(1)归纳推理；(2)演绎推理；(3)归纳和演绎的关系。

2. 形式新颖，动态合作交流共进

以"共学、共研、共享、共进"为原则，以课堂为载体，以丰富的教研形式，开发教学媒介——高阶学习，即观察、实验、比较、猜想、归纳/概括、验证、分析等，借联合教研活动的良好契机，对研究成果进行检验、推广和辐射。

以"一课三磨"形式组织开展活动，由特级教师带领各联盟学校的两位教师代表共同开展研究，其中两位成员上课，其余成员通过教学各环节的观察分析挖掘高阶思维产生的动机、方法。简单归纳为以下两种：一是有效的探究活动，运用分析三法：(1)对比分析法，主要用于展示学生的不同想法；(2)正解分析法，通常用于强化正确解题方法；(3)错例分析法，主要用于在反复纠错中加深理解。二是发展学生的演绎推理思维，运用验证三法：(1)操作验证法，主要适用于学习能力一般的学生；(2)推理验证法，比较适用于学习能力较强的学生；(3)反例验证法，也适用于学习能力较强的学生。

如诗课堂

一课三磨，走进如诗课堂

教师是教学之本，当教师的专业得到了充分的提高和发展，这必将有力地促进学校教育教学的发展。而教研组是当仁不让的教学常规落实者，日常教学活动的组织者，教研活动是开展教学研究的重要阵地，是教学创新的"孵化器"。将教研组活动的形式拓展到区域联片教研，无疑是一个创新举措，终能开启智慧之门，走进如诗课堂。

1. 区域联动，在"一课三磨"中探究高阶思维的发生

一磨——多角度观察课堂活动，多形式互动反馈交流。

老师们在听课后分别从教师提问、学生回答、学生操作、教师指导、互动反馈五个角度，观察和探究老师所设计的学习活动的环节价值，课后将观课结果以"思维导图"的形式呈现出来。教师提问组关注老师提问能否引发学生观察、实验等活动情况；学生回答组重在判断学生思维发展空间与教师设计活动的广度和深度的关系；教师指导组则体现教师针对不同个体针对性进行指导，有助于训练各层次学生思维能力的发展情况；学生操作组重点展现课堂中有效操作，有助于发展学生的抽象思维能力的情况；互动反馈组强调教学活动设计在"学生最近发展区"，有助于激起学生跳一跳、摘果子的欲望。思维导图不仅帮助上课的老师客观回顾探究活动的授课过程，也能让观课教师明白知识技能的学习与能力培养之间的联系需要一定的桥梁架构，要让教材内容的学习真正促进学生高阶思维的发展，从而突出高阶学习活动的科学设计是非常重要的。

二磨——深度剖析课堂结构，师生共建高阶学习。

为了让老师们更好地了解高阶思维发展的范式,我们开发了高阶思维教学课堂观察与评价量表。研讨时以"思维大碰撞"的形式对探究活动中的"减少几个面的面积"进行了说理的评价,让老师设计这样的四次操作活动:2 个正方体拼成 1 个长方体减少几个面的面积;3 个正方体拼成 1 个长方体减少几个面的面积;4 个、5 个、6 个正方体拼成一行一列的长方体减少几个面的面积;3 个正方体拼成 L 型减少几个面的面积。由此引发了学生观察、实验、归纳、分析等高阶学习过程,培养了学生的演绎推理能力,具有较高的科学性。同时,老师们也认为,在完成 4 个、5 个、6 个正方体拼成一行一列的长方体减少几个面面积的表格中,如及时引导学生进行猜想、实验、验证,就能更好地培养学生归纳推理的能力。

三磨——共同研讨提炼,推敲打磨立体式学习活动。

老师们针对探究环节再一次展开讨论:是否能让学生尝试计算 2 个正方体拼成长方体后表面积减少多少呢? 一般方法是"2 个正方体表面积之和 - 拼成后的长方体表面积",再出示"3 个正方体拼成长方体后表面积减少多少"的问题,有学生会用一般方法来解决,相信此时会有更多的学生开始尝试特殊方法"1 个面的面积 × 减少面的个数",那么"4 个、5 个、6 个正方体拼成一行一列长方体后表面积减少多少"的问题如何解决? 可以让学生先猜想,再验证,后概括。数学学习本质是学生的再创造,这样的高阶学习才更科学,更匹配,更有效。

2. 创新变革,在"一课三磨"中感悟高阶思维价值

确定主题,观摩研讨。第一次的联片活动围绕南翔小学赵双双老师上的一年级第一学期的《两位数加两位数的不进位加法》开展。活动中提出"如何激发学生的高阶思维"、"何为高阶思维"、"如何在低年级学生中培养学生的高阶思维呢",带着这样的问题,各校联盟成员老师开始了联片教研活动。第一次从观课后运用小黑板开展研讨,老师们从教学四环节入手,根据课堂教学内容具体分析学生学习情况、教师教学情况,着眼于高阶思维如何发生? 第二次观课后当场播放第一次的课堂实录,两课进行比较,继续研究教学四环节,确定问题,提出修改意见,着眼于高阶思维产生的过程是什么。第三次再次观课,从课堂中找寻有效策略,教师们在教室里面对面地交流,提出可以努力的方向与方法,修改板书的设计、情境的引入,探究新知的方法,拓展内容的延

伸，精心组织语言，设计教学环节，有效激发学生的高阶思维。通过三次磨课，深度探讨，形成六大策略——情境创设时，学科内涵丰富些；问题设计时，思维含量增加些；探究活动时，独立思考深入些；知识整理时，融会贯通经常些；应用巩固时，方法策略灵活些；拓展练习时，解题思路多样些。最后赵双双老师带着集体的智慧，给大家演绎了精彩的一课，得到了专家的肯定和同行们的一致好评。

专题练课，合作教研。第二次的联片活动是围绕同济黄渡小学的李娟老师上的五年级第二学期的《表面积的变化》一课开展，研讨主题为：一课三磨，让高阶思维发生。第一次活动专题——"探究学习时设计了哪些学习活动"，通过教师提问、学生回答、教师指导、学生操作、互动反馈五个环节全面分析课堂，运用思维导图，进行研讨，清晰地呈现了教师在课堂中的教学语言、教学形态，提出了如何更有效地促进学生高阶思维的发生。从学生的学习兴趣、学习态度、学习过程、学业成果等各方面，大家各抒己见，提出中肯的修改建议，为第二次上课提供了有效的思路与方法。第二次活动专题——"哪些活动有助于引发高阶思维"，大家通过头脑风暴，抓住课堂中的每一个细节，从科学性、有效性、匹配性三个方面进行思维大碰撞，推敲课堂教学的每一个环节，共同研究改进方法，形成课堂教学特色，高阶思维在无痕中产生。第三次专题——"怎样更好地设计学习活动"，大家集思广益，把握面对面交流的契机，针对课堂探究环节，更新教学方式，提出多种教学策略，并结合自己的课堂经验，设计出符合学生学情的教学环节，真正意义上翻转课堂，把课堂还给学生，教师在指导过程中引发高阶思维。

温馨提示

1. 教师应充分利用多媒体，使学生接触到的知识更立体、更直观、更生动。

2. 教师应注意让学生主动探索，更要注重课堂的生成与学生间的交流，充分体现"数学源于生活，服务于生活"这一理念，使学生学有价值的数学。

3. 教师要有扎实的基础知识,有较高的驾驭课堂的能力。通过这样的"一课三磨",对于上课老师是一种锻炼和提高,对于参与其中的老师更是一次磨练的机遇。成员间关于学科教学的主题对话,通过讨论交流有利于提高彼此的教学水平,凸显优质联盟的功效。

(撰稿人:徐春兰)

晴空一鹤排云上，便引诗情到碧霄

对于低年级学生来说，作文确实是难而又难的。究其原因，很重要的一点是我们忽略了学生习作的过程是一种复杂的心理过程。多年的教学实践证明，只有把兴趣这种神奇而又巨大的能量诱发出来，才能调动学生写作的积极性。将绘画和语言结合，能让孩子的童心尽情飞扬，表达出自己最真实、最有趣的感受，获得表达的乐趣。

在低年级起步作文中穿插绘写日记，把幼儿园中的绘画日记引用到小学语文的写话教学中，并进行延伸、拓展，使之具有扩张感和立体感，使学生从纯粹用画画来表达情感，发展成为将绘画与写话有机结合的一种新型的作文形式——绘写日记，为学生从幼儿园到小学低段直至小学中高段之间的习作架起一座桥梁，可消除他们对作文的畏难情绪，使学生乐于表达，善于表达，最终全面提高学生的语文素养。

诗性课堂

绘写结合，启发学生思维

"晴空一鹤排云上，便引诗情到碧霄。"出自唐代诗人刘禹锡的《秋词》，诗人抓住秋天"一鹤凌云"这一别致的景观进行描绘，展现的是秋高气爽、万里晴空、白云漂浮的开阔景象。那凌云的鹤，也载着诗人的诗情，一同遨游到了云霄。诗人随着自己的"诗情"和想象驰骋于碧空之上。于是，鹤飞之冲霄，诗情之旷远，"实"和"虚"便融合在了一起，所获得的全然是一种励志冶情的美的感受。这和语文作文教学需要的大境界、大视角、立体性不谋而合，绘写结合犹如天空中那排云而上的秋鹤，启发了学生的思维，使学生自然而然地产生碧霄的诗情. 挂成天边的一抹蓝, 偶然间一丝情感流露，却会永久存于心间。

诗漾课堂

循序渐进，优化训练过程

本学期初，我根据研究方案中"课题研究的目标和内容"，设计了一份低年级学生起步作文情况问卷表，在班中展开调查。通过调查分析，我首先发现，由于低年级的孩子识字量有限，喜欢形象而直观的东西，所以，他们在生活中更喜欢用图画来表现内心的想法，画图写话、看图写话对他们来说是比较喜欢的写话形式。同时，我也发现他们对写话和画画都有不同程度的恐惧，这些恐惧源于教师和家长平时给予他们比较高的压力和期望，造成他们不敢写，不敢画，盲目地追求完美，殊不知真实的就是最好的。

通过此次问卷调查，让我清楚地了解了学生写话兴趣的方向、平时阅读的习惯，也找到了课题开展的切入点：重在消除他们对画画和写话的恐惧，降低要求，激发学生参与兴趣至关重要。让他们感受到只要我用心地去画去写，就是最棒的！只有这样，他们才能更好地参与进去。另外，引导孩子学会坚持，学会学以致用。

绘写日记的操作与人们认识事物的规律由具体到抽象和能力培养的规律由低到高、由拙到巧是一致的。针对二年级学生特点，我将整个过程分为"以画代话"、"画话结合"、"画话共进"三个阶段，循序渐进地加以推进。

1. 起步阶段——以画引路，绘写一体

因刚跨入二年级，学生识字量少，此时牢牢抓住孩子的兴趣，通过"以画代话"的方式引导学生写绘画日记，不失为"习写佳途"。学生随心所欲，爱画什么、想画什么就画什么，不作条条框框的限定规定，并采用"学生——家长——老师"三者结合的办法，来帮助学生进步。让学生初步感知"我手写我心"、"我心被人知"的乐趣。首先,我上好"启蒙"课,让学生明确日记的格式:其中第一行天气一栏,我让他们画相应的图案就行了,学生会觉得很有趣;下面接着写"我想说的话"。刚开始不要要求太高,想写什么都行,一句两句也行,甚至只有图画或标志不写任何文字也可以,但一定要是真实的东西。不会写的字用图画或形象的符号来代替,例如:雨——画几颗水滴;高兴——画上一张笑脸。然后是"我的画",让学生想办法把日记打扮得美一点,画上自己喜欢的内容。刚开始可能图文不是那么配套,但有个别爱动脑筋的学生可能会把图文的内容结合起来,这时应抓住时机大力表扬,学生自然会学着做了。再下面是"爸爸妈妈的话",由家长写,目的是将家长也调动起来,因为毕竟是低年级的学生,独立写一篇完整的日记是比较困难的,习作离不开家长最初的帮助,而且这样做还可以让学生感到家长对自己的关注,也为家长走进孩子的生活提供机会。这样特殊的日记交流取得了良好的效果,学生就不会把它仅仅当成日记,而是把想对别人说的话,用自己的笔写在日记本上,给别人看,学生体会着"我手写我心"、"我心被人知"的乐趣。

2. 发展阶段——以画赠话,绘写互通

学生有了一定的汉字积累和语言表达能力后,进入发展阶段,此时绘画不再是日记的唯一主角,绘画和写话的分量相当。在此阶段,我处处因势利导,有意识地引导孩子们选择素材,让孩子动手试一试,动口说一说,动脑想一想。如春天到了,带着孩子们去看看小花,摸摸小草,玩玩河水,放放风筝,孩子们说迎春花像小喇叭,在讲春天的故事;小草毛茸茸的、软绵绵的,像大地新长出来的头发;河水不再像冬天那样刺骨,里面还会游着一群群的鱼和小蝌蚪;天上的风筝好像在开大会,一会聚拢,一会散开……这些都逃不过孩子们锐利的眼睛,都成了孩子们日记中的"主角"。这样,只要有心,就会有画不完的材料、讲不完的故事。在学习了选材的基础上,我又引导学生增加文字表达的分量,采用"绘写结合"的方式,根据自己画的图,逐步学会一个词、一个句子、一段话地去写,力求写完整、通顺的话。并逐步提高要求,鼓励孩子们大胆地把自己看到的、想到的东西写下来,由写一两句话过渡到写几句通顺连贯的话,力求生动有趣,有自己的个性。孩子们的生活是多姿多彩的,他们的生活中充满了喜怒哀乐。慢慢地,他们学会了用图画配合文字,记录一天生活中经历的有趣和有意义的事情,表达儿童对事物的理解和自身感受。其中我班的朱佳昵在绘写自己参加学校的竹竿舞排练日记时,她先画了自己赛前的准备过程,第二次画了自己比赛的现场,第三次画自己的比赛结果,三幅画,三种心情,把自己经历的事件和心情表现得淋漓尽致。

3. 提高阶段——以画趣话,绘写共进

此阶段,学生已有了一定的语言表达能力,对绘画日记有了较浓厚的兴趣,我引导学生加强语言表达的训练,实现向中年级段习作的平稳过渡。这是下阶段将要完成的重点,我打算分三方面展开:(1)引导学生们关心社会,关心时事,培养迅速而敏捷表达事物的能力。例如:对周围生活环境的调查,在和同伴合作进行调查、访问、实地观察的基础上,以绘画日记的方式,采用照片、绘画、文字三结合的形式写出调查报告。(2)画故事连环画,就是根据自己创作编写的故事,改编成文字脚本,用多幅画面连续地表达一个故事的发展过程,通过图文互相配合的形式来表达主题思想,巩固习作的兴趣。(3)完成主题绘画日记,用组合或连环图画配合文字,记录连续几天经历的有趣和有意义的事情,促进学生对事物表现的计划性、条理性和连续性,让学生从生活中有针对性地选择习作素材。

如诗课堂

评价机制,促进个性发展

评议是作文最重要的环节。低年级学生的写话起步阶段,我们应充分肯定长处,善意指出问题,让学生更多更快地体验到成功感、满足感和自信感,不断强化学生画写的动机愿望,变兴趣为乐趣,从而使外部动力迅速转化为内部动力。我采取了多种评价并驾齐驱的机制。

1. 星级评价。对于低中年级学生的写话,我采用符号评价来激励学生,主要以鼓励为主。只要学生是用自己的眼睛去观察,用自己的大脑去思考,画出生活场景,写出自己的真情实感的,就予以积极鼓励。我的星级评价是这样的:★表示态度认真,书写工整;★★表示内容与图画相符;★★★表示有创意;★★★★表示表达了自己的真情实感;★★★★★表示整体美观。

2. 绘写演讲。会画会写,图文并茂,还要会说会讲,我们经常会举行绘写日记演讲比赛。低年级的学生好胜心强,都想得到老师的表扬和同学的肯定,绘写演讲的形式更能激发学生的表现欲望。这样的形式,对于孩子来说更具体验性,能更直观地欣赏别人的绘画写话作品,能让他们更加主动热情地参与到活动中来。

3. 展示激励。每一次作品,都做到有评有议,抓住其中优秀典型的作品,把成果展示在班级的日记墙上,给每一个学生一次贴"笑脸"的权利,都参与到评价中来。在所有作品中,你认为哪幅作品最出色,你就把"笑脸"贴在相应的作品上,最后根据学生投票的"笑脸"数,评出优秀奖。在整个评奖展示的过程中,我加强指导学生在欣赏中学习,学习他人的写作内容及如何选材、如何用词,以及写作方法、写作技巧,等等。

温馨提示

1. 绘写日记以发展语言能力为标的,应注重循序渐进,"字——词——句——段——文"这个过程是一个层层递进的过程,一环紧扣一环,其中任何一环出了问题都将使我们的最终目标无法实现,因而切不可急于求成。

2. 低年级学生好胜心强,都想得到老师的表扬。因此,孩子每写一篇哪怕是不通顺的绘写日记,我们都应以鼓励为主。评议是写话训练中最重要的环节。"评"主要侧重"写得怎么样","议"主要侧重"为什么这样写"。

3. 每个学生由于先天遗传因素和后天生活环境不同,其绘画、说话和写话的能力也就存在着差别。分层指导,尊重了学生的个体差异,能做到因材施教,促使人人有所提高。

(撰写人:胡 萍)

删繁就简三秋树,领异标新二月花

如果你想从不同的角度去理解题意、明确方法,那么,你就应建立和形成旨在充分调动、发挥学生主体性的多样化的学习方式,到教室中与孩子们一起去寻找;如果你想拥有思维的空间,就要促进学生在教师指导下主动地、富有个性地学习,走近学生与学生一起去创新教学的核心。

诗性课堂

改变教法为学生的学习指路导航

"删繁就简三秋树,领异标新二月花。"在这里借用这句诗想要表达的意思是:由于教学目的的改变,以传授知识为主的传统教学方法显然不能适应当今时代学生的需求。为此,一些新的教学方法,如发现法、探索问题法、研讨法、独立作业法等探索发现式的学习对启发思维、促进学习的迁移很有好处。由于这些方法更多地发挥了学生的学习主动性,在获得知识的同时不同程度地学到获得知识的方法,有利于发展学生的智力,培养学生独立获取知识的能力,从而受到我们基层数学教师的重视。数学老师也只有站在不同的立足点来看待,才可能对学生有一个更全面、更清晰的认识。数学同样也是根据学生个性发展的需求而进行的教学,教师要在发现问题、提出问题、引导思维、启迪智慧、培养悟性、培育创新精神上下工夫,使课堂充满生趣,以达到预期的教学效果。"自主探究导学法"是一种有效的教学方法：第一，有助于学生找到方法，良好的解题方法是科学解题的结果；第二，有助于学生自主探究导学法，使课堂充满生趣，达到预期的教学效果。课堂教学设计的针对性、真实性和生活化、数学化是教学过程立体化的本质体现。

我在四年级学生中尝试用"自主探究导学法"上组内课，课中我所设计的两道辨析题，引发了我的深层思考。

诗漾课堂

创新学法为提高学生学习兴趣指路引航

一场精彩的争辩带给师生的是课堂的兴奋，带给孩子的是学习的兴趣。为此，我提炼了我的教学思路——"二 zhen(针、真)性"和"二化观"。关于如何能使学生自己获得学习方法，我设想主要从以下几个方面作一些探索和实践。

1. 课堂设计具有针对性

本着"删繁就简三秋树，领异标新二月花"的思想，我适当运用调控艺术，有效反馈学生的实际情况，做好教学的调控工作，从而增强教学的针对性，所以，我很正视孩子的个人行为，哪怕行为有"症结"，教师也要给予他机会，这样课堂才能随机生成精彩。这就是课堂中的教学针对性。

2. 课堂设计具有真实性

一次课外活动题目的设计来自于现实生活，是从学生、教师、课堂中、生活中发现的课堂"疑难"和"症结"，是有研究价值的真实问题就能激起学生的兴趣。问题具有真实性，它是教学中遇到的新问题或者是难以处理的问题，它应是教师们的困惑、疑难，而这个问题又能引起师生共同关注，在研究中就能启发孩子们的思考，激发集体的智慧。课堂中学生的学习基础、学习兴趣及学习能力，是教师设计教学的出发点。当孩子的思维没有完全照着你的路子走时,请允许他走,请放手让他去闯,而我们不妨陪同孩子同行一段路程,也许你会发现沿途有意想不到的精彩。这就是课堂教学的真实性。

3. 数学问题生活化

课堂中,我本着"数学教育应努力激发学生的学习情感,将数学与学生的生活、学习联系起来,学习有活力的、活生生的数学"的课程理念组织教学。我们知道高年级学生尽管具备了一定的生活经验,但他们对周围的各种事物、现象还是有着很强好奇心的。我就紧紧抓住这份好奇心,结合教材的教学内容改编例题,创设情境,设疑引思,用学生熟悉的生活经验作为实例,引导学生利用自身已有的经验探索新知识,掌握新本领。这就是第一个"化"——数学问题生活化。

4. 生活经验数学化

课堂中,教师选择的场景来自于生活,学生对当时的鲜活场景非常清晰,容易把自己置身于当时的情境之中,课堂中让学生充分感受到数学中的知识有的是我们在生活实际中已经碰到的,我们可以运用经验,通过创设活动,把经验提炼为数学,充实和改善自己的认知结构,把生活中的数学原形生动地展现在课堂中,使学生眼中的数学不再是简单的数字,而是富有情感、贴近生活、具有活力的东西。这就是第二个"化"——生活经验数学化。

一节课的教学设计是具有挑战性的,课堂中的争辩看似占用了一些时间,但它能够真正提高学生们的分析问题和解决问题的能力;虽然习题量少了,但是数学教学就是要在这种略微的遗憾中找到更加完美的方法。

如诗课堂

方法多样为数学学习保驾护航

课一开始,我以"师生在参加课外实践苏州乐园的活动中,你购买了什么留作纪念"引出课题"可能情况的个数"。课题揭示后,学生们纷纷围绕我出示的例题:"苏州乐园"活动中,五人组成一个活动小组,要选出一名组长和一名副组长,总共有多少种不同的选法? 2分钟内有5位学生把思考过程展示在黑板上,并且用我一贯的课堂模式——学生上台自己讲解、教师起点拨作用的方法演示着,此时教室内显得非常活跃,孩子们感觉自己是课堂的主宰者,充分感受到自己的"战果"。随即,教师出示第二道辨析题:"苏州乐园"冷饮店里有五种冰淇淋(草莓冰淇淋、香草冰淇淋、巧克力冰淇淋、咖啡冰淇淋、果茶冰淇淋),从中选出两种,有多少种不同的选法?题目揭示还不到1分钟,班级内发生了一场"战争",孩子们各自展示自己独特的思考方法,而小何同学的思考方法引起了全班学生的争辩。那到底他抛出的"绣球"是什么呢?孩子们能争辩清楚吗?答案是这场争辩成功了。它是在教师的有效组织下,在学生们的你言我语声中顺利完成的,最终全班孩子都获得了成功的喜悦,抛出"绣球"的小何同学更是一步三回头在思考着自己出现问题的根源。辨析题二解答完1分钟后,小何同学高举白色的纸冲到黑板上张贴自己的计算结果,因为他用的是列式的方法,算式是 $5 \times 4 = 20$(种),而其他学生用的是画图的方法,所以他的求解方法就显得特别的快。正当他兴奋之时,小孙同学立即发现小何的做法是错误的,谁知小何根本不服气,小何认为:每一种冰淇淋与刚才一样思考那么就是有4种搭配,共5种冰淇淋,所以就是20种,话还没有说完,教室最北面角落里平时不发声响的小袁高举着手反驳道:草莓冰淇淋与巧克力冰淇淋一种方式,交换后还是这两种冰淇淋,而组长和副组长交换后得到的结果在职务上是不相同的,所以就会出现20种方法,而冰淇淋交换的方法就只有10种。听完辨析后的小何同学有点退缩了,他慢悠悠地一步一回头在看着渐渐远去的黑板上张贴的各种思考方法。这时,平日不愿意发言的女生们也纷纷你一句,我一句,你一个方法,我一个图示,孩子们在6分钟后把这两道辨析题说得有理有据,此时听课的教师有点担心,老师不讲的东西,学生不一定理解,觉得还是自己讲过一遍放心。其实,这种担心是多余的,学生能够主动去学习掌握的东西肯定比听来的影响更深刻。

教师让学生通过多种检测的方式来加深了解自己掌握知识的情况。学生们的这种自主学习、合作探究、勇于挑战的潜能,大大鼓舞了我,我对他们课上课下的表现充满信心。每一个孩子都是一把锁,一把智慧的锁,怎样才能解开这些锁?是教师们一直在"求索"着的。

温馨提示

1. 课堂上鼓励每个孩子积极发言,平等对待每一次回答。

2. 课堂上教师的责任在于布置任务和创设问题情境,让学生对教师的问题进行尝试解决、相互讨论、合作学习、主动质疑。激发学生的学习积极性,帮助他们在自主探索和合作交流的过程中,真正理解和掌握基本的知识与技能。

(撰稿人:王彩英)

万物静观皆自得，四时佳兴与人同

自 2007 年 5 月学校成立校级"气象科普社团"以来，我们注重教学过程开放、立体，在学生中开展了多种多样的"气象观测"长周期探究活动。2008 年，我们尝试邀请嘉定气象局的史五一科长担任气象科普校外讲解员，学生经过专家指导、专业培训，更有实效地、全方位地走进气象科普传播工作中。多年来，学校积累了一定的数据资源、仪器设备和研究方法，组建了低年级"气象风铃社团"和高年级"气象观测与播报社团"，逐渐形成了两套气象特色校本课程——《唱响生命　气象同行》、《凌云之帆》。依托网络平台，我们与嘉定区叶城小学、普通小学、实验小学、徐行小学等几所学校共同开展校际间的交流与合作，开发《小学生气象观测实践课程》。2016 年又组织教师编撰了《气象与生活》校本教材，在课内课外不断拓展学生参与科学探索的机会……学校目前被授予全国气象科普教育基地——"示范校园气象站"称号，同时又是嘉定区气象科普项目布点学校。

诗性课堂

静心观察，体悟收获

"万物静观皆自得，四时佳兴与人同。"出自北宋程颢的《秋日偶成》一诗，意为世间的万事万物，只要静下心来、用心观察，都会有所收获并得到乐趣，就能享受一年四季的不同兴味。学校的"气象观测"课程正如同这诗句中描写的那样，是一种需要静下心来，用心体会收获的课程。基于教学过程呈现立体、开放、发展壮大之势,它已成为特色课程和推广课程。

诗漾课堂

活动丰富,融筑课程

1. 推进气象观测活动的日常化

在校内开设低年级"气象风铃社团",学习气象知识,认识动植物,体验四季更替。开设高年级"气象观测与播报社团",在四、五年级中招募学生,每3人一组,由老带新,分别由组长带领完成周一到周五的气象实时观测、记录、播报。利用QQ群加强互动,培养气象梯队人才,便于每年社团成员的更新换代。

记录表格也在学生的观测实践过程中不断改进,下表1为目前所使用的最新版本,增减了一些内容,便于保存和对比数据。特别是"湿度"这一项目,以前是不作观察的,但是学生在对湿度进行了一段时间的观察后,明显体会到了因不同季节湿度的变化所引起的各种变化,观测体会更为丰富和深刻。在观测、记录、播报活动中,要求学生记录数据一定要做到真实——不编不造,宁缺勿滥,宁错勿涂,培养学生坚持不懈、尊重科学事实的良好习惯。(详见下表)

2016－1南苑小学气象观测记录表						
观测日期	年 月 日 星期	周次		天气状况	上午	
^	^	^	^	^	下午	
观测时间	上午	当前气温	上午	湿度	上午	
^	下午	^	下午	^	下午	
最高气温 最低气温		风向		风速		
观测日志 （体会）			记录员		（ ）班	
备注	穿衣指数：	运动指数：		感冒指数：	AQI空气指数：	

2. 提升气象观测活动的专业化

学生的气象观测活动主要在"气象乐园"进行，目前，"气象乐园"共占地约 1 200 平方米，已配置了百叶箱、风向杆、雨量器、蒸发皿、日照器和地表温度计等标准设备，并设立气象知识展示牌 14 块。

由于玻璃质地的观测工具在实际使用中损耗较大，我们始终把实践观测仪器的使用培训和安全教育放在重要位置。为了减少人为的误差和器材损耗，已购买了自动气象观测系统，目前正在安装调试中。届时，整个校园气象广播和网络平台中的数据将更为准确、及时。

3. 促进校际联合观测活动的互动交流

每次气象观测笔记之后,学生便登录网络平台,发布当前气象观测数据、统计分析气象信息、收集气象新闻以及撰写气象观测日志,与气象联盟内各所学校的师生进行互动交流。随着实践活动的深入,学生逐渐认识到关注气候就是关注我们的生活。通过对比各个学校在不同渠道获取的数据,培养了学生分析问题、解决问题的能力,并能够最大化地合理利用现有仪器设备以及校本课程资源。区气象联盟学校的老师们对网络平台的功能不断更新,加强了平台的兼容性,促进了仪器设备的日常维护,同时又有助于联盟成员的管理。

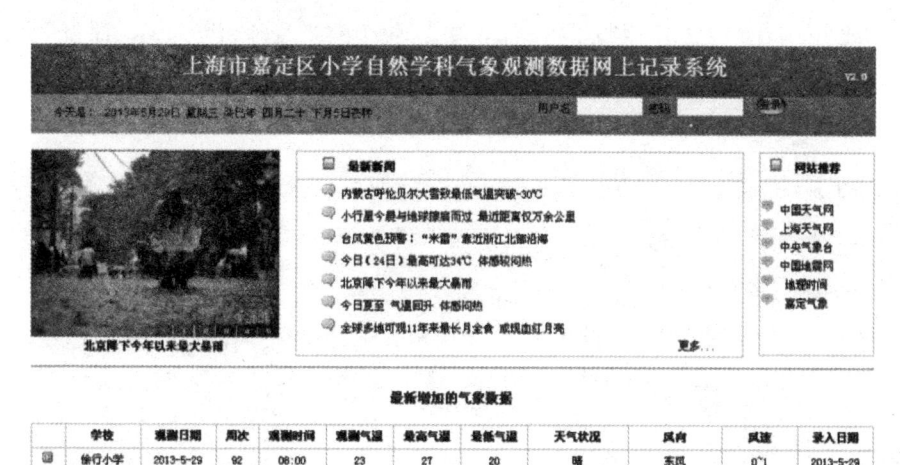

4. 整合开发校际联合课程

《小学生气象观测实践课程》资源的开发,是气象教学发展的需要。有效地开发校际间联合课程,有利于拓展学生学习空间的立体化,也有利于师生双方的成长。在学校原有校本课程《唱响生命 气象同行》《凌云之帆》的基础上,拓展"校际联合课程"的概念,整合相关校本教材,尝试开展了一系列特色品牌创建活动,推进了校际联合课程的开发。

如诗课堂

图文并茂，学以致用

结合校园气象科普队伍，我们群策群力，充分发挥广大教师的智慧与力量，基于网络平台的互动交流，精心整合了几本气象校本教材，使《小学生气象观测实践课程》尽可能立体地呈现，使用浅显易懂的语言阐述深奥的道理，简明扼要，图文并茂，形式多样，寓教于乐，让学生的小眼睛看得懂、学得会，便于网络交流和互动。该课程呈现下列板块：

1. 气象基础知识

除了从《唱响生命　气象同行》《凌云之帆》两本教材中了解气象知识外，还专门从网络上搜寻了34个中文气象科普视频，供师生查阅。

2. 观测工具的使用

学生到气象乐园实践学习观测工具的使用方法，由于玻璃器材的损耗大，师生探讨并比较了其他材质的观测器材，获取经验和技能。

3. 观测与记录

在本校三、四、五年级中挑选15名学生，3人一组，由老带新，完成周一到周五的气象实时观测、记录、播报（分上下午两次分别向全校广播），数据上传网络平台，与联盟内各所学校共享基础数据资源。

4. 气象观测成果展示

通过一段时间的观测，学生能坚持自主探究并能讨论气象变化的内在成因和规律。2013年11月，学校开展了以"关注健康　关注气象"为主题的气象特色展示活动。活动内容包括：紫藤架科普长廊的精彩介绍、气象风铃乐园的生动互动、有趣的课堂探讨、激动人心的气象猜谜竞赛……20多名社团成员通过现场互动的形式，向与会者展示了"气象科普知识"、"气象仪器介绍"等活动内容，在轻松愉悦的氛围中和大家一起遨游气象世界，分享坚持的快乐和幸福。

5. 物候观察与记录

每周三快乐活动日的下午,学生都会进行物候观察活动。利用校园里多种多样的植物,每2～3个学生为一组选定一种植物,每周对其观察1～2次,并记录。学生可以通过QQ群把各自观察植物的生长状态向其他同学作介绍和推广,把自己的所见所闻分享给大家;也可及时地根据学生所描述的根、茎、叶、花的生长特征,为所观察植物分类;另外,还把几个观察过程中学生提出的新问题提交给全班同学一起讨论和交流,有的问题经大家交流过后,又生成为新的探究重点。

温馨提示

1. 通过校际间分工合作,区内几所学校的教师和学生纷纷各展所长,互促互进,注重教学过程立体化,形成了学生坚持长期参与的良好机制,感受科学探究的乐趣,增进校际间的交流。

2. 将气象特色校园文化整合开发为校际间的联合课程,是机遇,也是挑战。既要从孩子抓起,也要建立气象局、教育部门和中小学合作的教育长效机制,形成三者之间的联动,从而实现气象科普知识教育的普及化、系统化和规范化。这将吸引更多的师生坚持参与到气象观测实践活动中,为气象研究储备更多的后备人才。

(撰稿人:郑靖晔)

第四章　意趣：开启一段生动的旅程

　　走在教室的走廊,临风而歌,恰如开启了一段旅途,有一种超凡脱俗的感觉,回归自然与返璞归真,只在临风而立的那一刻感受到。看着掠过天空的小鸟,心中充满着希冀,希望小鸟飞得更高更远,飞到更广阔的空中去。课堂以轻松、丰富、多彩的教学活动让每个生命展翅高飞。

风含翠篠娟娟净，雨裛红蕖冉冉香

在数学教学中，由于低年级小学生的年龄和思维特点，要他们学习抽象的、符号化的数学知识会感到很难，这不仅是因为数学知识枯燥乏味而产生对数学学习的消极情绪，而且是因为对数学知识难于理解、掌握和记忆而产生对数学学习的惧怕心理。如果学习伊始，这种消极的、惧怕的情绪在学生心灵中就占了上风，那么，对他以后进一步学好数学以及身心、智力的全面发展都是不利的。如何解决这一难题？在教学实践中，我发现编制一些脍炙人口的数学儿歌能有助于解决这一难题。儿歌形式简约活泼、内容丰富、易教易懂易记，非常适合小学生，尤其是低年级小学生的年龄和思维特点。学生在吟唱或对唱儿歌中，优美的旋律、和谐的节奏，不仅给学生以美的享受和情感熏陶，而且可以培养学生的数学情感，激发兴趣，促进记忆，启迪智慧等。

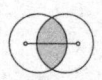

诗性课堂

儿歌润物更润心

"风含翠篠娟娟净，雨裛红蕖冉冉香。"杜甫这首七律作于客居成都时，寓意在和风的吹拂下翠竹轻轻摇动，带着水光的枝枝叶叶青翠欲滴，让人赏心悦目；一阵润物无声的细雨洒过，小潭里的荷花格外娇艳，溢出缕缕清香。儿歌教学让学生在润物细无声中对大自然备感亲切、生动。教学中孩子们通过教师编写的脍炙人口的数学儿歌，使儿歌成为学生数学学习中不可缺少的一份"智慧快餐"。

诗漾课堂

童趣悠悠激兴趣

1. 兴趣是最好的老师

学习兴趣是学生有选择地、积极而愉快地力求接近或探究某些事物而进行学习的心理倾向。美国教育家布鲁纳说:"学习的最好刺激是对所学习材料的兴趣。"教育心理学研究也表明,小学生对数学的迷恋往往是从兴趣开始的,由兴趣到探索,由探索到成功,在成功的情感中产生新的兴趣。但是数学的抽象性又使学生难于理解,甚至望而却步。因此,在教学中必须重视激发学生的学习兴趣。

2. 儿歌能事半功倍

数学基础知识主要是指数量关系和空间形式的有关概念、性质、法则、公式及方法等。学生是否真正理解、掌握这些基础知识,将直接影响他进一步学好数学、解决实际问题的能力以及思维的发展、创新精神的培养等。因此,教师在教学中历来都把讲清、讲透数学基础知识并让学生学会运用作为自己追求的最主要的也是最高的教学目标。但是,由于数学知识的抽象性常使学生难于理解,相似知识之间又易于混淆。怎么办?我在教学中适时地运用数学儿歌,收到事半功倍的效果。

3. 吟唱强化记忆能力

记忆,在脑子里记住过去的事物,并在需要的时候能够重现它。记忆的大敌是遗忘。提高记忆力,实际是避免和克服遗忘。教育心理学研究表明:强烈的愿望、记忆对象的形象化、强烈的刺激性、理解了的东西以及读、写、看、听相结合等,都能增强学生的记忆效果。将数学材料编成儿歌,深受学生的喜爱,有利于提高学习兴趣,通过吟唱,从而促进高效记忆。

如诗课堂

童声朗朗难化易

1. 利用儿歌童趣悠悠的特点激发学生数学学习的兴趣

激发学习兴趣已经有很多很好的经验,例如联系实际、创设情境、设置悬念、制造矛盾、动手操作、合作交流、激发好奇、鼓励好胜,以及教师生动形象的讲解和富有幽默的表情等,都能激发学生的学习兴趣。但是,我在教学中,利用儿歌激发学生的学习兴趣也产生了很好的效果。因为儿歌贴近学生的生活实际,使学生备感亲切,又因为脍炙人口的儿歌朗朗上口,所以容易调动学生的学习情绪。因此,结合教学内容编制一些富有童趣的儿歌不失为学习数学的润滑剂,这种润滑剂不仅给数学增添了一份吸引学生的魅力,而且使学生更愿意去探索未知的数学世界。例如,在教一年级认数的时候,为了更好地使学生掌握1—10各数的认识,并提高学习兴趣,我让学生试着说说这些数字像什么,学生都积极地参与了课堂讨论,有的说1像小棒,1像站立的人,1还像我们吃的山药……在讨论8的时候,有的说8像宝葫芦,8像吃的天津大麻花……在学生充分讨论的基础上,我为学生总结了如下儿歌:

数学数学真有趣,数字数字来排队。

1像铅笔细又长,2像小鸭水中游,

3像耳朵听声音,4像红旗迎风飘,

5像鱼钩来钓鱼,6像哨子嘟嘟响,

7像镰刀来收麦,8像麻花拧一圈,

9像勺子来盛饭,10像油条加鸡蛋。

这样,原本枯燥乏味的数字通过它们像什么的比喻,提炼出朗朗上口的儿歌,从而给数学内容赋予了相当的童趣色彩,极大地提高了学生的学习兴趣,同时使学生更加深刻地认识1—10各数,增强了记忆效果。总之,儿歌内容丰富易懂,朗朗上口,符合小学生的心理特点和心理需求,深受小学生的喜爱,可以有效地激发兴趣,调动积极性。

2. 利用儿歌浅显易懂的特点加深学生对数学知识的理解

(1) 利用儿歌突出重点。抓住了重点就能把握教材的全局。例如,一年级教学数的大小比较时,认识大于号、小于号和等于号是教学的重点。为了使学生正确认识这些符号的特点,我编制了儿歌让学生吟唱:

开口朝前大于号,尖嘴朝前小于号。

又平又直是等号,谁大谁小我知道。

这样,学生一下子形象地抓住了这几个符号的特点,很快地学会用符号来表示两个数的大小关系。

(2) 利用儿歌区别异同。学生在学习单一知识时,错误较少,但几种知识学完了,特别是当相似知识混在一起时,学生常常会混淆。这除了学生对这些知识的本质没有很好理解之外,一个重要原因是学生不能正确认识到这些知识的异同。这是教师教学中常感棘手和困惑的老问题。对此,我利用儿歌的形象性和生动性,通过学生吟唱,较好地达到区别知识异同的目的。

例如,低年级学生初步学习加减乘除四则运算的意义之后,在解答简单应用题时,往往不能很好地识别该用哪种运算来解答,常出现乱猜算法的现象。于是,我在安排简单应用题混合练习时编制如下儿歌:

两数合并加法算,剩余求差就用减。

同数连加多少乘,要求平分就用除。

儿歌的吟唱要比死记硬背结论轻松得多,更有利于强化学生对加减乘除简单意义的认识,防止解答时的混淆,提高准确率,同时也有利于进一步学习其他类型的简单应用题。

(3) 利用儿歌促进形成技能。使学生获得数学基本技能是数学教学的基本目标之一。基本技能是否掌握和熟练将直接影响学生数学能力的提高。基本技能形成之前,呈现在学生面前的大多是带有顺序性的、可操作的知识和方法。例如,多位数读写的方法、四则运算顺序的方法、退位减法的方法、试商的方法、测量长度的方法等。一般情况下,学生理解了这些知识和方法,再经过适当的训练,就能形成技能。在低年级,一般都是教师通过例题的解答,采用"告诉"的形式,教给学生该怎么做。但由于低年级学生的年龄特点,学生对教师"告诉"该怎么做有时仍不得要领,常常出错,以致影响数学基本技能的形成。而短小精悍的儿歌能把那些学生"不得要领"、繁琐的内容浓缩成几句话,把一些重要的操作步骤和方法概括其中,从而使学生较好地掌握操作要领,促进数学基本技能的形成。

例如,在四则混合计算中,学生常常受"从左到右"思维定势的干扰,发生计算顺序的错误,我就用儿歌来帮助纠正:

混合计算要牢记,一读二看想顺序,

同级运算左到右,混合运算先乘除,

发现括号要先算,计算正确最重要。

短短的几句儿歌把四则混合计算的顺序及注意事项都概括其中。

3. 利用儿歌朗朗上口的特点促进学生对数学概念的记忆

我在教学实践中体会到,凡是形象直观又有趣味的,或能引起学生强烈情绪体验的事物,大多能使学生自然而然地记住不易遗忘。而将数学材料编成儿歌,由于儿歌不仅具有优美的旋律、和谐的节奏,深受学生的喜爱,借此提高学习兴趣,而且通过儿歌的吟唱,会给学生强烈的刺激和强烈的情绪体验,从而大大增强记忆效果。尤其是低年级学生,在无意记忆向有意记忆过渡阶段,这种效果特别明显。

例如:学习年、月、日时,学生对于大小月份的天数常常难于记住,编成儿歌让学生吟唱,学生便很快记住了。

七前单月大,八起逢双大,

大月三十一,小月三十天,

二月二十八,闰年多一天。

教学实践证明,将数学材料编成儿歌并让学生吟唱,能使学生对知识的掌握更加清晰,记忆更加牢固,甚至终身不忘。

温馨提示

1. 在低年级数学教学中,结合教学内容适当地使用儿歌,常常会产生意想不到的效果,但是没有节制的无限制使用,不仅会让学生产生逆反心理,甚至还会混淆概念之间的理解。

2. 通过教学实践发现,儿歌朗朗上口的诵读方法,降低了学生对于知识点的认知难度,从而让学生从浅显易懂的儿歌入手,充分地激发出他们的学习兴趣。

(撰稿人:葛 懿)

海日生残夜，江春入旧年

随着我国新课程改革的不断实施推进以及《国家中长期教育改革和发展规划纲要》的颁布实施，形成惠及全民的公平教育已经成为我国教育界所面临着的一项艰巨的任务。在当今社会发展日新月异以及信息流通愈加发达的大环境下，多元文化与教育的关系也愈发紧密，多元文化促进了教育观念和人们思维方式的巨大转变，更加催发和促使人们去关注和保护弱势儿童的受教育权利。但是随班就读儿童由于先天原因，接受信息速度慢，所以，适合他们的、有意趣的学习方法更为重要。而先行组织者这种策略十分贴合随班就读学生以获得新知。通过这种有趣的、有意义的学习方式习得新知，随班就读学生乐学爱学。

诗性课堂

旧知引领，推陈出新

"海日生残夜，江春入旧年。"这一诗句十分优美，形象地说明了新知识可以蕴含于旧知识中，任何新知的产生必然出于已学的理论之中。

先行组织者是认知心理学的代表人物——美国教育心理学家奥苏伯尔（David Ausubel, 1918—2008）于1960年提出的一个教育心理学的重要概念，也是他在教学理论方面的主要贡献之一。学生在课前寻找以前学过的知识点作为铺垫，通过制作有趣的预习卡等方法学习新知识。新的知识必然和旧知关联,这一理论在先行组织者理论中体现得淋漓尽致,它对于提高随班就读学生英语学习的效率起着很大的作用。

诗漾课堂

丰富资源,拓展视野

在小学英语教学中,在课前运用图片、歌曲、文字等下位学习材料帮助随班就读学生从旧知过渡到新知,这样有助于学生理解不熟悉的教材内容,更能促进随班就读学生学习的迁移。为了让随班就读学生更好地学习,教师可以适当地运用一些方法予以帮助。

1. 充分利用教材中的组织者,挖掘提示的价值

英语教材中有很多歌曲、图片,能作为引导材料开启随班就读学生学习英语的钥匙。教师要善于在教材中挖掘一些随班就读学生熟悉的材料,这样能使随班就读学生更容易接受。

2. 充分利用生活中的组织者,丰富学习的资源

教师要做个有心人,利用生活中的情景,开展情境教学。使随班就读学生在熟悉的情景中学习英语。由于熟悉的环境,随班就读学生不会对英语产生距离感和陌生感,这样他们就能更好地学习英语。

3. 引导随班就读学生自主学习研究

课前预学法:充分发挥学生的主动性,让学生参与组织者的设计。心理学表明,教育中的一切教育因素只有通过主体的参与和内化才能转变为能力,教学要着眼于最大限度地让学生参与教学,让每个学生都能愉快主动地接受知识。课程标准指出,要引导学生利用图书馆、网络等资料,初步培养学生搜集和处理信息的能力。这就给了我们一个启发:教学过程中组织者的设计权完全可以交给学生,让学生在这个过程中

接受知识,形成能力。让学生在英语课前完成预学卡,那样的话,学生对于今天学习的英语知识会更感兴趣,同时也能丰富随班就读学生的视野。

同伴互助法:让随班就读学生与英语学习能力较强的学生结对,在同伴的帮助下,学习新授的英语教学内容。

如诗课堂

挖掘素材,触发学力

下面以教材 M 3 Unit 2 Clocks and time 为例,阐述通过旧知引入新知,在提高随班就读学生英语学习效率方面的积极作用。

本班学生对于英语都有浓厚的学习兴趣,大部分学生都有一定的英语基础,喜欢表演,课堂教学气氛较为活跃。个别学生学习能力强,能起到很好的带头作用,但也有部分学生的接受能力比较差。考虑到各层次学生的学习能力,我的课堂设计以要求他们能掌握所学单词和句型为主,使每个学生都能参与进来,以激发学生学习积极性。在教授新课前,学生们都认真预习了课文,这样有助于使我的教学任务更顺利展开。

本班有一位随班就读学生陆某,13 岁,智商为 59,社会适应能力轻度。随着教学要求的提高,他在英语学习上的困难也越来越大,只能跟读简单的单词和句子。上英语课时,他的思想有时不够集中,不愿意开口朗读,英语口语表达能力较弱。但他平时还是能较认真地完成老师布置的作业,也比较善于和同学交往,在班级中有很多好朋友。

1. 教师充分挖掘教材中的先行组织者材料

教材 M 3 Unit 2 Different noises 是有关分钟数是 5 或 5 的倍数的英语时间表达,如:It's five past one. 然后从单纯的时间表达延伸到学生一天的作息,再由日常生活拓展出去,让学生将一天的活动以日记的形式记录下来,使知识有延续性,从而引导他们珍惜时间，合理安排作息，养成良好的生活习惯。

本课时中普通学生的教学目标是掌握单词 minute，会用 past 和 to 表达时间，会记录自己一天的生活。教学重点是掌握单词 minute，会用 past 和 to 表达时间。教学难点是让学生以日记的形式将一天的活动记录下来。

随班就读学生小陆的教学目标调整为掌握单词 minute，会用 past 和 to 表达时间，在提示语的帮助下会以日记的形式记录自己一天的生活。教学重点是掌握单词 minute，会用 past 和 to 表达时间。教学难点是根据提示语，让小陆以日记的形式将一天的活动记录下来。

2. 运用先行组织者教学策略，帮助随班就读学生更快理解新知识

运用先行组织者教学策略，在学生学习较陌生的新知识，缺乏必要的背景知识准备时，对学生的学习可以起到明显的促进作用，有助于学生理解不熟悉的教材内容，由旧知过渡到新知，这样更能促进随班就读学生学习的迁移。

如在课前，我通过教师个辅及同伴互助的形式为随班就读学生重点复习了整点、半点以及 1/4 点的表达方法，对于随班就读学生学习新知识有所帮助，也调动了随班就读学生投入英语学习的情绪。多形式、多方法地兼顾，激发随班就读学生学习英语的兴趣。课前演唱歌曲，以轻松的歌曲作为热身运动，调动了学生积极性，帮助随班生以快乐的心情投入英语学习。课中创设情境，在本课的教学设计中，我以我的捷克朋友 Mike 的 E-mail 为主线，创设情境，引导随班生在真实的情景中学习，有利于随班生更好地理解新知识。增加同伴操练、个别操练机会，在课中，我设计了许多同伴操练的环节，在小老师的帮助下，随班生能更快地运用新知识；而对于新授单词，让随班生跟读单词，加深了随班生对于单词的掌握。

整节课小陆表现积极，因为由旧知的引入，他更能驾轻就熟地进入学习的状态，达到了很好的学习效果。通过对先行组织者策略在小学英语随班就读教学中的运用研究，促进了教师钻研教材、钻研课堂，提高教学有效性，提升教师的课程执行力，引导随班就读学生自主学习，有效培养了学生的素养。通过大量的实践，学生的英语学习兴趣明显提高了。

温馨提示

采用"先行组织者策略"的教学方法,要求教师熟悉文本,改变传统的针对随班就读学生的教学方法,使得随班就读学生的教学工作更具有针对性、新颖性、时效性,真正唤醒他们的学习积极性和主动性,重新激发起他们对学习英语的热情和兴趣。

(撰稿人:瞿 珍)

第四章　意趣：开启一段生动的旅程

千里之行，始于足下

小学语文教学的任务是培养学生听、说、读、写的能力。低年级是学习阅读的起步阶段，必须让他们充分感受阅读的乐趣。基于低年级孩子的年龄特点，他们活泼、好奇、好动，爱在别人面前表现自己，时常会看到他们为了赢得赞许和掌声，当着众人的面背一首诗或念一首儿歌，可见孩子对阅读保持着浓厚的兴趣。所以，在培养低年级学生阅读能力时，我从读读、圈圈、点点、画画、写写等方式入手，激发学生想读、要读的欲望。

诗性课堂

千里之行，始于足下

"千里之行，始于足下。"此句出自老子《道德经》第六十四章："合抱之木，生于毫末；九层之台，起于垒土；千里之行，始于足下。"意谓走一千里路，是从迈第一步开始的。比喻事情是从头做起，逐步进行的。

上海市二期课改小学语文第三册第五、六单元共12篇课文，训练的重点是"读课文圈划词句"，主要是通过这两个单元，让学生初步学习圈划词句，养成良好的读书习惯，不动笔墨不读书。教材要求学生认真、仔细地阅读课文，分别用直线、曲线、小圆圈或其他符号圈划出有关的词句，通过一面读一面圈划，让学生开动脑筋，认真思考，提高阅读的效率。

诗漾课堂

激趣导行，发展学力

为使学生在阅读的起步阶段就能具有浓厚的阅读兴趣，养成良好的阅读习惯，掌握基本的阅读方法，我作了以下三方面的尝试：

1. 在圈圈划划读读中感受文本语言的美

要让孩子实现真正有效的阅读，就要让孩子养成"不动笔墨不读书"的好习惯。让孩子在圈划中品读文章，在读中有所感悟，在读中培养语感，在读中接受情感的熏陶。

2. 在读读划划演演中培养学生自主学习的能力

教师首先给学生创设自主学习的空间，让学生自主地学习；其次要营造自主学习的氛围，尊重不同学生的情感、思维，允许学生对问题有不同看法，尽管这些看法可能是错误的，甚至是荒诞不经、幼稚可笑的，我们都要热情地鼓励他们。

3. 在圈划词句的训练中培养学生的简单概括能力

先"扶"后"放"，逐渐规范概括语言。这种训练方式在某种程度上会约束学生思维，显得有些刻板生硬，但在低年级阶段，只有采取"扶"的举措，才能有利于不久后的"放"。

如诗课堂

可圈可点，品悟文美

1. 圈读品悟，感悟语言之美

《石榴》是第五单元的第二课，这是一篇文质兼美的好文章，是学生学习语言的佳作,在教学时我通过圈圈划划读读等方法让学生来感受文本的美。

例如,课文的第二和第三节分别描写了石榴花和石榴的果实。第二节我重点抓阅读。我首先让学生轻声阅读第二节,用直线划出描写石榴花的句子,学生在阅读的基础上划出"到了夏天,郁郁葱葱的绿叶中……"一直到"仿佛是一个个可爱的小喇叭"等三句。接着我又让学生认真默读这三句话,把描写石榴花的词语用小圆点在句中标出,通过交流,大家找到了"火红"、"越开越密"、"越开越盛"、"挂满"、"一朵朵"等词语。然后我再让学生将这些加点词语重读,同桌互相读一读,再出示石榴花的画面,让学生讲讲从这些词语中你感受到了什么?学生众说纷纭,有的说:"我从'火红'这个词语感觉石榴花开得十分艳丽。"有的说:"我从'挂满'、'一朵朵'这些词中能感到石榴花开得很多很多。"还有的说:"'越开越密'、'越开越盛'这两个词让我感觉它们好像在比赛谁开得花多,谁开得旺盛似的。"也有的说:"第三句'走近看,仿佛是一个个可爱的小喇叭'这一句用了比喻的手法,把石榴花比作一个个可爱的小喇叭,我觉得石榴花的样子很美丽,很可爱。"

在这个环节中,我主要让学生自己感受读、听同学读,再看插图、展开想象,通过视、听、想结合,让学生对石榴花的样子有了形象、直观的感受,通过反复的朗读,感受到了石榴花的形态美、色彩美以及花朵开得热闹的特点,体会到了语言文字的美。

而第三小节描写石榴的果实从生到熟,外皮颜色发生了逐步的变化,我采用的是让学生读句子圈出描写石榴果皮颜色的词语,随后出示板书:青绿色、青中带黄、黄中带红、一半儿红、一半儿黄。让学生看着板书说说能不能把这些描写石榴果皮颜色的词语调换顺序?并利用"先……渐渐……最后……"这些表示先后顺序的词来吟读这段话,让学生加深了解石榴在成熟期中的颜色变化的过程,也可体会作者观察的仔细,描写的清楚。

2. 读读演演,感受自主之乐

《松鼠的尾巴》是一篇童话课文,内容生动有趣,情节性强,能够吸引孩子,同时语言比较浅显,便于让学生独立阅读。所以,在教学此类课文时我充分发挥学生学习的主体性。

如在上《松鼠的尾巴》这一课时,第一环节我就出示了课文的第一节:小松鼠有一条毛茸茸的大尾巴,可它不知道尾巴有什么用。我让学生轻声读读第一节,找出小松鼠的尾巴有什么特点,用小三角在下面标出。学生很快地就找到了"毛茸茸"和"大"这两个词,接着我又出示长毛绒玩具,让学生通过触摸,理解"毛茸茸"这个词。随后我又话锋一转,小松鼠有一条毛茸茸的大尾巴,可它却不知道尾巴有什么用,你能帮它从课文中去找找它尾巴的作用吗?这一问,激发了学生的学习兴趣。

于是我就顺水推舟,进入了下一环节,让学生朗读课文,用直线划出小松鼠的尾巴有什么作用?在此需要提醒的是,由于本课划句子与前两课不同,所划的句子处在不同的段落中,这是一个新的知识点,所以教师可以事先告知学生,让他们从课文的二到四节中分别将描写松鼠尾巴作用的句子用直线划出,以防学生漏划。经过提醒,学生不难从书中找出小松鼠尾巴的三个作用,如第二节中:小松鼠找遍全身,最后,发现只要把尾巴收拢,就是最好的扫帚。它用尾巴把屋子打扫得干干净净。第三、四节中的句子分别是:小松鼠照着妈妈说的往下一跳,张开的尾巴像降落伞一样,它安全地落到地上。小松鼠马上明白了,它把毛茸茸的尾巴盖在身上。

我接着问道:小松鼠的尾巴这么顶用,它又是怎么知道的呢?我让学生小组合作选择小松鼠尾巴的一个作用学一学,并用双线划出小松鼠妈妈说的话,再分角色读一读,想一想你读懂了什么?

学生又划出了相应的句子,在交流反馈中学生明白了,小松鼠刚开始不知道尾巴有什么用,后来是在妈妈的提醒和帮助下,才(发现了)尾巴收拢可以当扫帚,用来打扫屋子;尾巴张开能当降落伞,能够安全落地,逃避黄鼠狼的紧追不舍;尾巴盖在身上,可以当被子取暖。原来在不同的情况下,小松鼠的尾巴有不同的用处呢!

这一环节的设计旨在"以读为本,以读促悟",抓住"张开"、"收拢"、"盖"等动词,体验感悟小松鼠尾巴的功能,让学生的主体性得到充分发挥。选择小松鼠尾巴的作用来学习,契合学生的年龄特点,可以降低学生学习课文、朗读课文的难度,让更多的学生能参与到学习中来。

第三环节是演一演。由于低年级学生活泼好动,注意力容易分散、易疲劳,所以在学完小松鼠尾巴的三个作用后,我让学生选择小松鼠尾巴的一个作用,同桌演一演。因为有了前一环节的伏笔,所以,表演在这一环节中也就水到渠成了。同时也让学生进一步深入地了解了松鼠尾巴的作用,明白了小松鼠了解自己尾巴作用的过程。

第四环节是语言实践,想象说话。小松鼠的尾巴还可能有什么用?我出示了"在什么样的情况下,小松鼠的尾巴可以怎样"的句式,让学生展开想象,把自己想说的话说清楚,说完整。因为本文是一篇童话,所以学生在想象时只要有趣、可能就行。如:有学生说,在天气非常炎热的时候,小松鼠举起毛茸茸的大尾巴,当扇子扇风。也有的说,在下大雨的时候,小松鼠把大尾巴盖在头上当雨伞用,等等,我觉得这样的想象都是合理的,可行的。

3. 圈圈划划,学会简单概括

《水上飞机》是以小海鸥与水上飞机对话的形式介绍了几种有特殊用途的水上飞机。根据这一单元的训练目标,我在让学生划出水上飞机本领的句子的基础上,进一步引导学生在老师的帮助下初步尝试圈划关键词语,简单说说水上飞机的各种本领,提高学生的概括能力。

如:我先让学生用直线划出有关水上飞机本领的句子:

水上飞机笑了:"不,我是降落在这里的。我是海上救护机,可以迅速救援海上遇难的船只。"

水上飞机接着说:"我还有很多兄弟,有的可以给航行中的船只输送物资;有的能从海中汲水,去扑灭森林的大火;还有的可以随时从海上起飞,去参加战斗……"

随后我设计了这么一个片段:

师:从水上飞机的回答中我们知道了,他有很多——兄弟,而且,各有各的——本领。究竟有什么本领呢?我们先来读读第一句。

第一步:教师引读:老师读红字,学生读蓝字。

第二步:这种水上飞机的本领就是——救援遇难船只(我一边讲一边在媒体上演示圈划出这些关键词语)。

结合语境理解"遇难",我让学生在文中找出"遇难"的近义词就是"遇险"。

我随后概括:当船只在海上遇险,水上救护机就能够——救援遇难船只。

第三步:我让学生照老师的样子在书上圈划词语。

水上飞机的本领可真大,它可自豪了,谁来用自豪的语气读读?

第四步：我问：那么，他的兄弟们还有什么本领呢？请你再来读读这句话，学着老师的样，也来圈划词语，同桌之间简单说说他们的本领。

第五步：学生交流，我在媒体上出示圈划词语。

第六步：师生配合读。

我们知道了当船只在海上遇险时，水上救护机可以……（救援船只）。而且，水上飞机的种类有很多，他们各有各的本领。水上飞机还可以给航行中的船只……（输送物资）；当森林发生火灾，消防车来不及赶去灭火时，水上飞机可以直接从海中……（汲水灭火）；当附近海域发现敌情，发生战斗时，水上飞机又可以随时从海上起飞，去……（参加战斗）。

这一个圈划词语、读句的设计，不仅让学生了解了水上飞机的本领，还在润物细无声中，向学生传授了最基本的阅读方法——边读边想边圈。训练的过程则体现由"扶"到"放"的层次性：先由老师以第一句为例，借助媒体进行示范，再请学生读读第二句话，学着老师的样，也来圈划词语，同桌之间简单说说他们的本领。有了先前的演示，大多数学生很快就能学着老师的样，圈划关键词语。在他们静心阅读圈划词语的过程中，自然了解了水上飞机的本领，虽然各不相同，可他们都能在海面发生险情时，迅速赶去救援。

当然，在课堂教学的过程中，教师应时刻仔细倾听学生的发言，及时予以积极的评价与针对性的点拨、引导。例如：在教学中，当我让学生简单地学着老师的样，也来圈划表示水上飞机本领的词语时，学生很快找出了这些词语。显然，学生通过认真读句，圈划词语，了解了水上飞机与众不同的本领。此时，我在表扬学生的正确回答后，进一步启发学生是否将"救援遇难船只"、"汲水扑灭大火"也像其他两个词组一样说得更简练些？起先学生有些不知所措，当我提示他们"救援"、"汲水"两个动词用得很好，能否在后面两个词中各选一个，组成一个新词呢？一只只小手立即举得高高的，"救援险船"、"汲水灭火"随即脱口而出。瞧，多么令人高兴！在老师的启发引导之下，学生不但了解了关于水上飞机的一系列科学知识，还初步感受了概括的乐趣。

温馨提示

1. 由于二年级的学生在圈划词句上才刚刚起步,因此,教师一定要给予指导,教会方法。

2. 在品词品句时,教师既要站在学生的角度,体会他们的感受,同时也要站在指导者的高度,对学生的发言进行梳理和提炼。

3. 阅读能力的养成非一朝一夕之事,需要一个漫长的过程,不要急于求成。

(撰稿人:李迎先)

一花独放不是春，百花齐放春满园

在"以学定教、少教多学"的背景下，小组合作学习这一与之相适应的教学组织形式被越来越多的教师引入数学课堂，但综观许多数学课，有的小组合作学习往往只是形式上的几个学生围在那里，而作为组织者、引导者和合作者的教师也没有及时有效的指导和调控，这无疑影响了学习的效果。因此，作为一名青年教师，我想通过自己平时在课堂教学中的一些实践、反思和再实践，来探索有关"小组合作学习"的指导策略，从而希望改善或解决目前自己在小组合作学习中的一些困惑和问题，帮助、引导学生在自主探索和合作交流过程中都动起来，以提高小组合作学习的有效性。

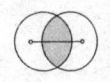

诗性课堂

合作学习，精彩无限

"一花独放不是春，百花齐放春满园。"在小组合作学习中，当我们把爱洒向了大多数孩子的时候，特别是好孩子的时候，不要忘了，还有一个群体正在期待着我们的关注，然而，这是一个很容易被人遗忘的角落。课堂上的一个眼神、一个微笑、一个示意、一个手势，都是对学生心灵的关注，我们给学生的一次赞许、一个鼓励，抑或是一个批评，这些看似"无痕的"关注，在学生尤其是这一群体学生的心田里却能特别感受到被关注的幸福。

诗漾课堂

被动变主动，实现共赢

合作学习不是"放羊"，教师要从有效发挥自身作用的角度思考指导策略。所以，作为教师，如何更好地去设计、去组织、去引导，真正参与到学生的小组活动中去，帮助每个孩子都动起来，使每个孩子在小组合作中都"学有所得"，是数学课堂中小组合作学习有效的关键所在。

1. 教师要做好小组合作学习的组织者

首先，要注意合理搭配小组合作的成员，明确分工。在尊重自愿的基础上，组建合作小组成员，力求小组间力量均衡，无明显差异，这样更能体现小组间竞争的公平、公正，以提高学生参与合作的积极性。同时小组成员要合理分工：对组员进行编号（1号、2号、3号、4号），其中1号组员是小组长（主要负责保管、记录、汇报），2号组员为副组长（主要负责讨论过程中的组织和掌控），其他组员协助进行小组合作学习，这样就能使小组内的各位成员能各司其职，避免"吃大锅饭"，达到组内同学间的优势互补，以增强学生的责任感，从而使每个学生都能学会合作。

其次，学习任务导入要清晰。我们教师在提出问题、布置任务时，一定要吸引学生的注意力，明确要求，根据教学目标及重难点设计合适的问题，适当地呈现，这样才能让学生有的放矢地进入角色，进行小组合作的自主探究。

2. 教师要做好小组合作学习的倾听者

首先，要发现学生思想的火花与存在的困惑，让学生自主协商，"求同存异"。在初为人师的头两年，有时在组织学生小组合作时，往往会"东兜兜、西看看"，形式化地去巡视，但是不知道自己要做什么，想要什么，所以，导致后面的反馈总是"无的放矢"，对于有些课堂生成问题也不知如何应对。其实，在小组合作学习时，教师要耐心倾听学生的发言,适时给予反馈与建议,不能为急于想得到结论而抢白,鼓励学生发表想法,激励其他学生参与评论与辨析。

其次,应关注各个层次的学生,建立良好的评价机制。也许,作为数学教师,上起课来可能比较理性,不像语文老师那样"声情并茂"、"情感丰富";也许,真正做到关注到各个层次的孩子,可能不是件容易的事,但是,我们可以尽量在小组合作中给每个孩子多一点交流,一句激励的话、一个肯定的眼神,都是可以增强孩子学习积极性的,都是对他们的一种关注。这种激励既能帮助各个层次的学生认识自我,又能建立自信,让他们在积极参与中体验成功带来的喜悦,增强自信心和学习的积极性。关注各个层次的学生,建立良好的评价机制,能激发学生的合作兴趣,更能使小组合作学习更为有效地开展下去。

3. 教师要做好小组合作学习的指导者

在合作学习中,教师的角色发生了变化,他(她)是学生学习的指导者和促进者的同时,还是共同学习的合作者,所以,在学习过程中教师要在组间巡回指导,仔细观察小组成员合作和学习的情况,鼓励后进生参与合作,及时发现并解决活动过程中存在的问题。此外,在做好一个倾听者的同时,我们还有必要进行干预或指导,帮助学生探究。比如:对合作任务不明确的小组要补充说明;对偏离主题或有困难的小组要加以引导帮助;对完成任务较好的小组,教师要予以充分的肯定;等等。

如诗课堂

取长补短,集思广益

我以第八册《计算比赛场次》为课例,开展了提高小组合作学习有效性的指导策略研究:作为青年教师,如何帮助、引导学生在自主探索和合作交流的过程中都动起来,最终提高小组合作学习的有效性。

课堂实录一：

片段：

1. 小组活动：4名组员互相握手，每2名组员之间握一次手。

思考：每人握几次手？小组里一共握了几次手？

2. 出示例题。

提问：整个B组共要进行几场比赛？

3. 小组合作探索

小组合作任务：首先利用卡片，摆一摆，说一说，算一算；再比一比，看看哪个小组最先想到合理的方法？

4. 交流反馈

第一步连线，教师根据学生交流呈示方法，适时追问、反问。

第二步列式。

第三步介绍列表法，加深理解。

采用小组合作任务的形式，首先填一填，用打√的形式记录要比的场次；再请学生观察说一说有什么发现，组长作好记录；最后全班反馈。

第四步师生小结。

分析：

在本次教学设计中，教师并没有直接从女排这个情境引入，而是结合课题，以小组合作为主题，让学生自主合作探究新知，培养有序、全面的思考解决问题的能力。所以，在出示女排情境之前，先安排了"四人握手"的活动引入。通过游戏参与的小组活动，激发学生的学习热情和求知欲望，同时更让学生感悟到解决问题时要做到有序，不遗漏，不重复。因为，在引入时已经有了握手游戏的铺垫，所以，在新授部分大胆尝试，直接请大家小组合作，利用卡片，摆一摆，说一说，算一算，整个B组一共进行了几场比赛？并请组长作好记录。在探索过程中，重点放在让学生用比较熟悉的连线搭配的方法得出计算方法。学生通过有序的连线搭配，充分观察、思考、交流，从中得出两种计算方法。然后，再向大家介绍列表的方法，请大家小组合作：利用表格，填一填；说一说：你有什么发现？组长作好记录。最后，再和大家回到握手游戏，既解决了问题，又巩固了新知。

　　小组合作学习给教师提供了一个更广阔的教学空间,也提出了更高更新的要求。教师要在充分发挥合作学习优势的同时,培养各个层次学生的自主学习能力,努力使我们每个孩子在合作学习中都真正动起来,促使我们数学课堂中的小组合作学习更加有效。

温馨提示

　　1. 作为教师,在短暂的小组合作环节中,既要调控和引导,又要真正做到全面的关注。

　　2. 在日常教学中,我们要多注重学生在小组合作活动中一些习惯的养成,帮助学生体会到小组合作学习的乐趣和有效,真正做到让每个孩子都动起来,从而,提高小组合作学习的有效性。

(撰稿人:陈晓莉)

第四章 意趣：开启一段生动的旅程

留连戏蝶时时舞，自在娇莺恰恰啼

《上海市中小学语文课程标准》指出："要用普通话正确、流利、有感情地朗读，而且要贯穿于各学段的目标之中。""语文课程具有丰富的人文内涵，语文课要充分重视学生的朗读，让学生在反复朗读中体会语言所蕴含的丰富情感，并与自己的情感相通，加深理解与体验。"可见，朗读是小学语文教学中的一项重要任务，有感情地朗读课文有助于加深学生对课文的理解，使其受到情感的熏陶，从而达到语感、乐感、情感、美感的和谐统一。

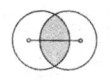

诗性课堂

藉朗读体悟思想，表达情感

"留连戏蝶时时舞，自在娇莺恰恰啼。"这句诗的意蕴为学生犹如嬉闹的彩蝶恋恋不舍地在文学的海洋中盘旋飞舞，恰似自在的娇莺般把书面语言清晰、响亮、富有感情地读出来，变文字这个视觉形象为听觉形象。学生通过朗读领会文本的内涵，感受文章的韵味，体会文中的情感，增强语言的敏锐性。在感同身受的朗读中培养学生形象思维和灵感思维，增强学生对语言艺术的欣赏能力，促进学生语言表达能力，全面提高学生语言文字的素养。

心理学理论认为：有感情地朗读实际上是朗读者欣赏自己的声音、自我表达情感的过程，长期坚持，有利于培养孩子的形象思维能力，能增强他们的想象力。语言学理论认为：语感是对语言的一种感受，它与直觉思维密切相关，直觉思维的训练对于语感的培养具有非常重要的意义。由此而言，动情的、陶醉的朗读是体悟课文思想感情的最好方式，也是获得语感、积累语言材料的最佳途径，更是教学意趣的有效体现。

诗漾课堂

用策略激发兴趣，提升能力

为达到"留连戏蝶时时舞，自在娇莺恰恰啼"的境界，教师可在课堂上对学生的朗读活动适时运用一些行为、方法给予帮助和推进，其中包括直接的指导和间接的指导。

1. 启发式指导策略

启发式指导策略是指借助媒体手段创设情境，帮助学生迅速进入文本的方法。真情实感是朗读的灵魂，由感官获得的情感体验直接且强烈，可有力地促进大脑进行积极的思维活动。因而，在朗读过程中适当运用听觉、视觉等多种感官，渲染气氛，激起学生与文本的情感共鸣，以增强朗读效果。

2. 示范性指导策略

示范性指导策略是指由教师或优秀的学生进行示范性朗读，通过范读让学生清楚应该达到的朗读要求。著名教育家于漪老师说过，教师本身对文本的理解有多深，学生对文本的理解才会有多深。范读时老师情感的投入、表情的变换、动作的挥洒，对学生加深课文理解的效果是课件、录音等现代教学手段无法取代的，从范读中可以看出老师对文本进行深刻的剖析，对作者对学生都了然于胸，把书本文字变为充满情感的声音从而将学生引入文中的境界，引起学生的共鸣。学生则通过教师吟咏诵读直接迅速地感受语言的优美，领略文章的韵味，进而仔细体会课文的思想内容和感情基调。

3. 科学性指导策略

科学性指导策略是指渗透科学的朗读技巧，让学生掌握朗读的基本技能。低年级学生最初的朗读往往顿读、唱读，甚至读破句子，因而要注重基本朗读技巧的训练。训练发音、咬字、吐字、念词等基本朗读技能，侧重引导"读得正确"；训练停连、重音、节奏、语气等基本朗读技巧，侧重引导"读得流利"。

4. 点拨性指导策略

点拨性指导策略是指通过教师不断地追问进行指导。学习语文的根本就是"读"，在阅读教学中，学生往往对语言的理解肤浅，感悟不够深入，朗读缺乏真情是常有的事情。因此，在课堂上引导学生对文本进行深入的感悟，对语言的内涵达到深入的理解，继而才能形成发自内心的感情朗读。

5. 发展性指导策略

发展性指导策略是开设"雏音社团"，遴选朗读基础较强的学生，利用每周三的校级兴趣课，开展朗读、讲演、讲故事、歌唱等艺术语言的学习、训练和实践，培养和提高学习应用语言的兴趣。老师结合学生学情，认真制订"小小播音员"拓展科目方案，从三个训练点着手，充分挖掘学生个体的语言天赋，调动他们的学习积极性、主动性，使自身个性得以充分发展，使整体素质在各自的基础上得到改善和提高。

6. 递进式指导策略

递进式指导策略是指阶段性地依据评价表的测定给予指导。除了即时性的评价外，为了让学生保持朗读的兴趣，时刻强调朗读的意识，拟订《学生朗读水平评价表》，通过多元的评价对象不断促进学生的朗读水平，让朗读成为其一生的习惯。

如诗课堂

以技巧凸显细节，感受魅力

下面以三年级第一学期教学片断为例，围绕科学性指导策略，阐述一些学生需要掌握的基本的朗读技巧。

1. 节奏把握

课文本来是有自然节奏的,尤其是诗歌。本册教材的一、二单元均录用了一首诗歌,第一课《信》和第八课《爸爸,我恨死了你的猎枪》,就是要学生把握文字的节奏感。在指导朗读时教师要有这方面的渗透。如第一课《信》中的句子:我学会了写信,用/笔和纸,用/手和心。

2. 忌加字漏字

这个现象在中高年级也经常发生,所以,正确朗读习惯的养成要从小抓起。如第二课《茉莉花》:盛夏时节,骄阳似火,妈妈把别的花都拿了进来,却把茉莉花留在(了)外面,原来它爱太阳。茉莉花已(经)长出了一大簇枝丫,枝尖上鼓出了花蕾……

第四课《刮脸》:那位理发师/正悠闲自得地看着报纸,店里(的)其他客人/都一个接一个(地)走了,只剩下(了)/小贝当一个人,傻乎乎地躺在椅子上。

(　)内是学生容易加的字,教师在指导时应注意倾听,及时纠正。

3. 读准字音

第七课《网上呼救》:突然,她旧病复发,双腿剧烈灼痛,不能行走,两肋像被紧紧夹住似的,呼吸困难。此时,整个楼面只有她一个人,距离最近的电话也无法拿到。注意读准"突、肋、夹、难"的字音。

第十课《燕子专列》:听到消息后,居民们纷纷走出家门,冒着料峭的春寒,顶着满天飞舞的大雪,踏着冻得坚硬的山路,四处寻找(着)冻僵的燕子。(由于一连几个动词"冒着、顶着、踏着"都有"着",所以学生很容易在"寻找"的后面也加上"着",要提醒学生注意。另外,"着"要读轻声。)

4. 语气变化

课文中有叙述句、描写句、抒情句、议论句等,不同的句式应用不同的语气来表达,朗读时要随时进行转换。如第三课《我画什么》首先要引导学生读出问句、感叹句等的不同语气,然后引导学生根据对话的提示语读出不同的语气。如"戴着近视眼镜的周明,俨然是个大人",周明说话的语气是一本正经的。再如"张小丽深情地接着说",张小丽的心愿是"我要画好多好多双眼睛,送给爸爸、妈妈和他们的工友",读的时候应该是满含深情的。

5. 气息运用

在唱歌的时候很讲究气息，读课文同样如此。部分同学看到稍长的句子就先喘口粗气，总想一口气读完。其实可以在朗读中稍作自然停顿，换气后再读。

第五课《童年的朋友》：两只眼睛/一大一小：大的/是原来的，玻璃做的；小的/是用一粒纽扣代替的。

第六课《新型电影》：当/森林里的小动物们/围攻/狮子与狐狸的时候，大厅四周/同时传出/各种动物的叫喊声。

温馨提示

1. 要把握"范读"的时机：对低年级的学生一般范读在前，在一开始就给他一个明确的、正确的示范比较容易成型；技巧性的示范在前，在学本领的初始就给他一个正确的示范。揣摩性地、情感性地处理朗读一般示范在后，情感性、思考性比较强的文字要让学生在充分读、有了体验的基础上再去讲朗读的处理。

2. 要注意"评价"的实效：教师要尊重差异，突出激励性，引导学生以批判的眼光剖析自己，在反省中不断完善自我。

3. 要体现"朗读"的主体：将"朗读"作为一项培养学生能力的任务，教师必须真正重视朗读，加强训练，让学生这一主体在朗读中充分体现出来。

（撰稿人：唐　晔）

第五章　缤纷：多一把衡量的尺子

一千个观众眼中就有一千个哈姆雷特。用哲学的眼光，从个体发展的角度来看待每一位学生，为每一位学生量体裁衣，定做一把"尺子"。多一把尺子，多一批好孩子。从评价主体、评价内容、评价方式出发去激发孩子潜在的内动力，激发本应属于孩子的那份久违的活力，树立孩子向上攀登的勇气，这对孩子的影响将是终身的。

单丝不成线，独木不成林

众所周知，二期课改注重学生的读写结合，注重学生语言文字应用能力的培养。日常的写作练习越来越多，例如：课文后的说写双通道、阅读教学中的写话训练，以及每学期要完成的大作文等。那么，如何有效地评价这些作文，使评价成为激发学生再次习作的欲望，就成了重中之重。我认为，在作文评价中要设法调动学生的积极作用，发挥学生的主观能动性，使评价的过程成为促进学生反思的过程，成为学生自我认识、自我评价、自我激励的过程，成为写作技能不断提高的过程。因此，要改变作文评价耗时、费力、低效率的状态，我们必须探索、寻找更加科学、有效、多元化的作文评价机制。

诗性课堂

多角度的作文评改促提升

"单丝不成线，独木不成林。"这句诗的意思是：一个人的力量是十分单薄、有限的，只有众人团结一心，精诚合作，这样才能成功。此诗运用在作文评改中，就是说不论这种方法再好，也不可能适应所有学生，而多角度的作文评改方法才能实现多元评价的目标，发挥评价的反馈调节功能，使学生的习作水平得到明显的提高。

长期以来，作文教学注重"写前指导"而忽略对习作的"批改与评价"，教师多采取单一"教师指导"的形式，作为学习习作主体的学生则被排斥在评价过程之外，也就是只重视了教师的教,而忽视了学生的学,未能从学生的内部发展需要出发去激发学生对于习作评改的共鸣,以至于学生对习作的评改视若无睹,评价的反馈作用难以实现。最终的结果是学生不知习作的目的,缺乏习作的内动力,导致习作水平提高缓慢,教师的教学效益低下。

诗漾课堂

多种评价策略达目的

三分文章,七分改,教师在培养学生修改作文能力的同时,要交给学生修改作文的方法。例如,以某篇学生作文为例子,教师将修改好的作文和原稿让学生进行对照,让学生体会教师在哪些方面作了修改,是怎么改的,为什么这么改?这是学习修改的有效途径。也可通过多种评价策略,如学生与学生之间的评价,老师对学生作文的评价,家长对学生作文的评价,这样既丰富了评价的方法,显得不那么单一,也可从多方面来评价同一文章,实现多途径有效修改的目的。

1. 学生互评

学生互评是指在作文小组内学生之间相互阅读彼此的作文,在阅读之后,向对方提出修改意见。许多自己不能发现的问题,旁人一看就发现了,所以,学生应参与对同伴习作的评价。我在作文评改课中,将班级中的学生按照作文能力的高低分成参差组合的若干小组。在组内,让成绩较好的同学初改成绩落后学生的作文,让成绩落后的孩子初改成绩较好孩子的作文。这样,成绩好的孩子有能力把文中的错误改掉,而落后孩子也能够学习对方习作的优点,达到互补的状态。除了这些,对于学生自己修改的作文,我鼓励他们推荐出一篇组内佳作,在班上交流。对于交流的作文,教师组织学生在班级内进行点评,既点评学生的作文,也点评学生的修改,使学生的写作能力和修改能力得到提高。

通过实践,我发现学生在互评中共同进步,而且互评可以为学生正确地认识自我、认识他人搭建平台,每个人都从中获益不少。学生不仅学会了互评,更通过互评明确了作文的要求,慢慢促进了写作。

2. 师生互动

师生间的互动主要通过教师在阅读学生作文的基础上,通过"面批"来实现。学生通过教师语言和神态的生动诠释,感受到老师对他作文的欣赏之处,也更容易接受老师的建议,进一步明确自己的不足之处和修改要求。因此,在师生互动中,更应重视评语的作用。

(1) 作文评语的肯定性

小学生一般好胜心强,喜欢听好话,而耐挫力较差。小学阶段是学生写作的起步阶段,小学生无论就其观察事物的视角还是理解事物的方式,都与我们成人大不相同。所以,一旦用我们成人的眼光去删改孩子们的作品,往往不能很好地传达他原来想要表达的思想,而是强加了我们通过他们词不达意的文字所猜测的成人性的理解。久而久之,他们就会抛弃或者改换他们的思维方式来换取老师的欢心。对于学生作文中出现的这样那样的缺点,老师要善于用一双慧眼一点一滴地发现学生作文中的闪光点。用叶澜教授的话来说:"像寻宝一样来挖掘。"学生作文中一个生动的词语、一句形象的话语,甚至一个准确的标点都值得老师倾情鼓励。如:"这个词用在这儿很贴切。""你巧妙地过渡,使文章更精彩。""阅读你的文章让我仿佛再一次阅读了许多名家的作品,老师相信只要你努力,若干年后,你也会成为一个好作家。"学生阅读到教师这样的评语,便会感觉到自己在本次习作中某一方面的成功,从而激起了学生更大的写作热情,增添了写好作文的信心。当然,对学生某些不规范的语言,教师还是要适当点拨,指导学生改正。

(2) 作文评语的指导性

批改作文强调的是有批有改,教师应该起到的是一个指导作用,明确指出学生作文中不妥当的地方和原因,然后指出该如何修改。学生习作中经常会出现这样那样的语病,教师不能简单地划出句子然后写上一句"语句不通顺"。学生读完这样的评语还是不知道该如何修改。这时候,教师应该给学生一点思考的空间,指出修改的方向。

如学生写道:"我们班的同学基本上都参加了这次十岁生日集体活动。"评价语可以这样写:"'基本上'和'都'矛盾了,你想一想当时的情况,然后选择其一。"

(3) 作文评语的启发性

目前,一些教师所写的作文评语,出现了抽象化、公式化、成人化"制式",教师对学生的作文大到谋篇布局小至标点符号均要提出几点,嘱咐上几句。但是这些评语对于学生来说只是浮光掠影,根本起不了什么作用。教师适宜采取的方法不是马上给学生戴"帽子",而是运用启发式的评语,多用问号,少用叹号,借此启发学生自己思考。

新基础教育强调尊重学生的个体感受,而学生习作也是用自己的眼光在观察这个缤纷多彩的世界。教师不能用成人的眼光、主观的想法去任意修改,以致文章中美好的童真、童趣在修改中消失殆尽。对于学生独特的个体感受,教师要学会珍视与欣赏。

(4) 作文评语的人性化

作文的评语就是要使学生知道教师是如何评价自己的作文的,自己又该怎么样改进。好的评语能激发学生内心的情感,提高他们写作的兴趣。所以在写评语时,教师要注意用词的人性化,不能一味指责孩子。学生本来就处于学习阶段,写作中很多地方会不尽如人意。教师千万不能随便写"重写"、"一点进步也没有"、"这是什么作文啊,我都不想看"……这样的评语会使学生厌烦写作,时间久了,学生的上进心就会受到挫折。在写评语时可以针对学生作文的闪光点进行评价。如:"真好,这次的习作没有一个错别字,你进步了。""这次作文,你标点的运用比以前恰当了许多,继续努力哦!""你能灵活运用学过的好词,真棒"……这样人性化的评语,更能让学生接受。

作文评价,教师更多的应着眼于激发学生自我思考,自我挖掘,进而催生灵感的"灵光乍现",营造一个平等和谐的师生关系、一个轻松自在的写作环境,孕育出学生真诚而灵动的写作状态。

3. 家校互动

作文的题材源于生活,而家长在日常生活中又占据着重要的地位,是学生生活常识的重要提供者,所以家长成为作文学习评价中不可或缺的重要角色。据我了解,小学生的很多作文是在家长的指导下完成的,家长熟知孩子的成长经历、生活习惯,可以针对一些更为贴近学生生活的习作内容和态度,给予评价。这种评价会给教师以重要信息，会给学生的作文学习注入新鲜血液。

如诗课堂

启发性引导化素材

由《雨后》这篇课文中小哥哥踩水塘很容易联想到自己踩水塘。因此，当我一说起踩水塘，小朋友们一个个眉飞色舞，这可是童年必不可少的一项活动。

小艺说："爸爸妈妈可惯我了，只要我想要的他们一定会满足我。那次下过雨后，我要出去踩水塘，妈妈马上给我备齐了工具——漂亮的 Hello Kitty 雨鞋，我像快乐的小鸟一样，奔到广场上，加入了踩水塘的行列，别提有多开心了……"

浩浩说："那一天特别冷，下过雨后我踩水塘玩儿。我的鞋子上、裤子上全都灌满了水，回去后我手脚冰冷，妈妈就拿来取暖器给我取暖，当时妈妈还不知道我踩了水塘。一会儿工夫后，呵呵，我的身上冒烟了，哈哈……妈妈说我们家来了一个神仙……"

大家都笑了，接着我适时通过启发性评价继续引导："真有意思，是呀，孩子们都是喜欢水的。除了自己踩水塘，一定还有很多和水塘有关的事儿吧？"

滔滔说："那次我和妈妈在车站等车，风大雨大，本来就很懊恼，偏偏一辆摩托车飞快地驶过，溅了我们一身水。我真是欲哭无泪。"

悦悦说："暑假里，我刚洗了澡，妈妈给我换上白色的睡裙。我吃完晚饭就带小狗皮皮去散步，我特地绕着水塘走，生怕水溅到我的睡裙上。谁知道小狗皮皮见到水塘高兴得不得了，它一个劲儿地往水塘里跳，害得我的睡裙沾了好多泥水。回去还被妈妈责备。"

我继续追问："同样是和水塘有关的，小艺和浩浩说的是自己踩水塘的事儿，而滔滔和悦悦说的却是被水塘里的水溅了一身的倒霉事儿。一个小小的水塘就有这么多趣事儿。那有没有其他水的趣事儿呢？"

多多说了自己小时候在海边玩,结果蹲下去玩水的时候没有注意一个浪打过来,屁股全湿了,只能在海边晒"屁股";小杰说了自己和爸爸洗澡时打水仗的事儿;小美说了大冬天和妈妈去泡温泉,结果不小心滑倒在浴池里,到现在都不敢再去了……

不少学生到了正式写作文的时候会发现自己无话可说,觉得没有什么事情值得去写。其实我们的孩子缺少的不是生活,而是对生活敏锐的观察视角。学生想要敏锐地发现生活中可写的事情确实有点困难,这就需要我们启发性的引导,引导学生回忆生活中的趣事,将这些趣事化作自己的习作素材。

温馨提示

1. 在一系列习作评价教学过程中,让学生认识到:自改文章,不仅是把文章写好,更重要的是通过不断的修改,逐步摸索到一些习作的规律,以至于逐渐提高写作水平。

2. 每个学生的写作水平都不一样,我们不能用统一的分数来衡量所有学生的文章,而要综合考察学生习作水平的发展情况,区别对待习作的过程与方法、情感与态度的评价。

3. 将"评价以学生为主体"这一主旨落到实处,体现评价的服务功能及多样性。

(撰稿人:彭梅峰)

良言一句三冬暖，恶语伤人六月寒

英语课堂教学评价五彩缤纷，不同的评价产生不同的效果。在众多评价中，激励性评价更加绚丽夺目。激励性评价能够提高学生学习英语的自信心，能够提高学生对学校的认同感。所以，我在英语课堂中积极开展激励性评价，用激励性的语言与肢体动作提高学生的学习积极性和主动性。用"我的果园"激励性评级方法，促进学生的发展。

诗性课堂

激励性评价有活力

"良言一句三冬暖，恶语伤人六月寒。"这句出自《增广贤文》的谜面，告诉我们要学习用"爱语"结善缘，很多时候，一句同情理解的话，就能给人安慰和勇气，即使处于寒冷的冬季也感到温暖。而一句不合时宜的话，就如一把利剑，刺伤人们脆弱的心灵，即使在夏季六月，也感到阵阵的严寒。这里体现了赞赏鼓励的作用。

在日常的英语课堂中用激励性的语言或行动对学生进行评价，能提高学生课堂参与的主动性和积极性，提高学生英语学习兴趣，最终促进学生循序发展。评价既是多开端的，评价又是具有感情色彩的，是五彩缤纷的。

诗漾课堂

巧用激励性评价

1. 激励性语言点亮英语课堂

缤纷的激励性语言,能够让我们的学生感受到老师对他们的肯定和赞赏,能够让学生不断发现自己的闪光点,从而提高自信心;能够使我们的学生积极主动地参加课堂教学的活动,与同伴和教师进行很好的互动,能够有效促进学生的发展。当学生自己或者和小伙伴合作,顺利完成学习任务时,教师可以用 Good! Well done!(做得好!)Super!(非常好!)Excellent!(棒极了!)Good job!(做得好!)对学生进行及时的肯定。当学生回答错误,或者在和小伙伴的活动过程中出现了小失误时,教师可以用 Have a try, please!(请试一试)Try again!(再尝试一下!)Keep on trying!(继续试!)等激励性语言,鼓励学生再次尝试。教师也可以给予正确的提示,让学生进行模仿。当学生通过努力,能够正确完成学习任务时,教师可以用 Keep it up!(保持下去!)You are learning fast!(你学得真快!)对学生敢于积极尝试给予鼓励。当学生能够对所学的任务提出创造性见解,得出富有创新的答案时,教师可以用 Marvelous!(妙极了!)Outstanding!(真是与众不同!)Perfect!(绝了! 太完美了!)Tremendous!(太了不起了),等等,对于学生的创造性和创新精神给予及时的肯定和鼓励。当学生在表达自己的某种观点时,教师还可以用"Me too!""I thing so!"等表达自己和学生相同的想法。

2. 激励性的肢体动作助推缤纷之色

激励性的语言,配合相应的肢体动作可以共振出最完美的效果。当学生表达正确时,可以配上微笑或点头,表示对学生的肯定;当学生的答案很有创造性时,惊叹的表情和动作可以将教师对学生的赞赏表现得淋漓尽致;当学生的表现非常不错时,可以竖起大拇指;当学生和教师有相同的见解时,一个拥抱便拉近了师生间的情感距离。

3. "我的苹果园"——一道明亮的光

为了完善学生的参与状态，使孩子们能够积极主动地参加英语课堂活动，并乐于表达，有效地完成教学目标，最终促进学生的发展，我还设计了"我的苹果园"激励性评价方法，"我的苹果园"激励性评价方案的实施，为英语课堂的激励性评价增添了一道明亮的光芒。

如诗课堂

激励性评价让课堂更生动

1. 激励性语言恰如其分

在英语课堂中，我们要积极发挥激励性语言的作用，适时恰当地给予学生正确的、积极向上的评价。在语言激励的过程中，教师要注意相应情境中的语气和语调。学生从教师的激励性评价语言中感受到教师的赞赏中包含的对自己进步的肯定。3A Module 4 Unit 1 Insects 这一课时，有一个谜语 It's on the ground. It's very small. It's black. What is it? 谜底是蚂蚁。小朋友的答案各种各样，B 同学答出了蚂蚁，但是发音不够准确，有的小朋友就在旁边笑。这时候我对他说：Well done! 然后让他再和我读一遍，在模仿正确后，我用"nice"称赞他的发音。他坐下去后，背挺得直直的，目光也一直聚焦在我身上。我看到了他在被老师鼓励后积极学习的态度。

2. 激励性语言与动作相得益彰

激励性语言，配合相应的肢体动作可以共振出最完美的效果。小 A 是一个文静的女生，在教授教材里 Job 一课讨论到父母的职业时，她鼓起勇气举手讲自己妈妈的职业，但是声音比较轻。对于她的每一句回答，我都会面带微笑，点头表示 Good job! 在她回答结束后，我让全班同学给予表扬并配上大拇指的赞。我看到她从一开始的忐忑，到后面慢慢露出了笑容，而且在后面还会继续举手。

3. "我的苹果园"尽显评价缤纷之色

"我的苹果园"即开学初学生会领到一张种着 20 棵苹果树的果园图片,20 棵是以学期的周数定的,一周一棵树。但这是一个还未结果的果园,学生通过在英语课堂中的表现获得苹果贴纸,并将其贴在果树上。每周根据果树上结的苹果的数量的多少,评出一位"耕耘小达人"。学期末根据"耕耘小达人"获得的次数的多少,评出"最佳果园"。获得"耕耘小达人"、"最佳果园"的学生都会获得相应的奖励。学期末会为有收获果实的学生准备一份小礼品,"我的果园"同时还是学生成长记录册衡量平时表现的打分依据。

学生怎么才能获得苹果贴纸呢?在每节课中,积极举手发言并且回答正确的学生都可以得到教师奖励的苹果贴纸。如果回答错了,在教师的提示下将正确答案重复一遍,也可以获得苹果贴纸。但是每堂课被老师提问到的毕竟是部分学生,所以在课堂结束后从——A:课堂中每一次的活动都能积极参加;B:认真思考老师提的每一个问题,并积极举手回答;C:能和同伴一起合作学习这三个方面对学生进行评价。先是自己评价,然后同桌评价,最后老师评价,三者评价结果一致就可以获得苹果贴纸。

温馨提示

1. 注重学生学习过程的评价,让每个学生从每节课中的表现,到每周的表现,到最后一个学期的总体表现,都能在评价中得到体现。

2. 评价主体多元化,有教师的评价,有自己的评价,有同伴的评价。评价成为师生间、生生间共同积极参与的活动。评价也因此而更加全面,真实。

(撰稿人:刘洁文)

等闲识得东风面，万紫千红总是春

《上海市中小学语文课程标准》指出：课程评价是课程的基本组成部分，在课程体系中起着重要的激励导向和质量监控作用。课程评价包括对课程教材的评价、对教师的评价和对学生的评价等。老师在课堂中对学生所采用的随机的、激励性评价，是教学活动的重要组成部分，是活跃课堂气氛，激发学生参与教学积极性的重要方法。运用缤纷有效的评价手段，发挥评价的激励、导向、调控、诊断等功能，为学生的学习创设一个和谐的评价环境，最后促进学生的和谐发展。

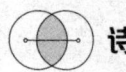

诗性课堂

评价要有多样性

"等闲识得东风面，万紫千红总是春。"在这里指的是针对学生的缤纷多样的激励性评价。所谓激励性评价就是使被评价者产生向上的欲望和动力，并获得成功的一种评价手段，是新课改倡导的发展性评价的重要内容。在课堂上，老师不是简单地对知识进行"对"与"错"的判断，而是要挖掘问题背后的教育资源，使学生能从知识、技能、情感、态度、价值等方面都得到发展。"兴趣是最好的老师"，尽量给予学生鼓励，以适应孩子年龄特点和心理需求，给学生创造成功的机会，激发学生的学习欲望，保护学生求知的热情。

诗漾课堂

评价要有激励性

在教学实践中,我尝试用下面几种方式对学生的课堂行为进行激励性评价。

1. 尊重学生

杜威曾经说过,"尊重的欲望是人类天性的最深刻的冲动",对于学生亦是如此。心理学家利伯纳通过实践证明:受到激励的学生劲头十足,学习成绩不断提高,而缺乏激励的学生学习没有劲头,学习成绩有下降的趋势。因此,在教学活动中,教师要不吝惜给学生褒扬的词语,以鼓励去调动学生学习的积极性,激发学生学习的自信心,让学生体验到成功,享受到尊重。那么,用什么样的眼光看待学生学习中的不足呢?这与教师的教学观、学生观息息相关。

2. 鼓励学生

第斯多惠说:"教学艺术的本质不在于传授本领,而在于唤醒、激励和鼓舞。"诸多名师也认为鼓励是教育的法宝,是最廉价的润滑剂。实践证明,鼓励可营造宽松、和谐、民主的教学氛围。学生在这种自由的空间里可与老师、学生进行心灵的碰撞,生命的融合,不断地获得成功的体验,并在成功中走向成功。众多优秀教师在课堂上总是自始至终地进行鼓励性的评价。

3. 宽容学生

赞科夫主张"对于后进生,更加需要在他们的发展上下工夫"以及"教育以育人为本,以学生为主体,促进学生全面发展。要坚持一切为了学生的发展,一切都着眼于调动和依靠学生内在的积极性,使学生生动活泼积极主动地发展。"要使学生发展,首先得宽容学生的错误,为学生营造宽松和谐的学习氛围,才能减轻学生的思想负担和心理压力,帮助学生树立克服困难的信心和勇气,从而激发和调动学生自身内在的积极性,调动学生本身的精神力量,使学生积极主动地发展,这才是真正的关爱学生。在平时的教学中,学生们在回答问题时或在作业本上出现错误是很正常的事,对于一些学困生来说，出现错误甚至是经常性的，这就特别需要教师的关爱，需要用爱心去唤起学困生的生命活力。

如诗课堂

评价要有针对性

1. 这里有一个可借鉴的例子：国外有位老师讲评"画苹果"的作业时，发现一位学生把苹果画成方的，便询问："苹果是圆的，你为什么画成方的呢？"那位学生说："我在家看到爸爸把苹果放到桌子上，一不小心，苹果掉到地上摔烂了。我想：如果苹果是方的，就不会掉下来了。"老师听了，非但没有责备，还鼓励他说："祝你早日发明出方苹果。"苹果本来是圆的，却被画成了方形的，已经脱离了实际，然而，这位老师循循善诱，引导学生说出了画方苹果的原因，并鼓励他说："祝你早日发明出方苹果。"这样的评价尊重了学生的人格，鼓励了学生创新，我们从中受到的启发是：对其不足，既不能漠视不理，也不宜斤斤计较，要在学生不足的背后看到亮点。如朗读不流利，但可能声音洪亮；说得不流利，但可能思路独特；写得不完整，但可能内容具体……评价学生万不可求全责备，有时需要适度模糊，并且时刻记着：每位学生身上都有闪光点，要在评价中点亮每个孩子的闪光点。

2. 如："相信自己，你们会读好。""你真行！""再努力一下就成功了。""我怎么没想到，你体会得太精彩了。""你跟大家的想法不一样，快说出自己的想法"……据说，优秀教师有一个共同的法宝，那就是鼓励学生的方法多，有的多至近百种，就是为了让学生能及时得到恰当的鼓励。因为，鼓励能让学生智慧的火花得到迸发，并使火花熊熊燃烧，照亮全班，让整个课堂充满生机。记得在一年级教学汉语拼音声母"j、q、x"时，我是这样教学的：我先让学生观察书上插图，猜一猜旁边三个声母读什么？你的根据是什么？学生说了很多，比如：一个学生站起来说："由公鸡我猜到这个声母读'j'。"听他说完,我马上表扬说:"你不仅会观察,还会联想,你真棒。"这时另一个学生马上站起来说:"由气球我猜到气球旁边的声母是'q'的音,由西瓜我想到西瓜旁边的声母是'x'的音。"听他说完,我带头为他鼓掌。我的掌声还没停,马上又有一个学生站起来说:"老师我来编儿歌记它们的音:一只公鸡'jjj',一个气球'qqq',一个西瓜'xxx'。""多好的方法,"我不禁赞叹道。这时,学生学习的积极性被调动起来了,都跃跃欲试。这时,另一个学生站起来说:"老师,我发现这个声母 j 很像我们见到的公鸡的形状,它的点很像公鸡的冠子,竖像公鸡的身子,弯像公鸡的尾巴。"听他说完,我马上表扬他说:"你也很棒,能联系生活实际来学习新知识,很了不起。"总之,学生利用了各种办法来记忆。一节课下来,学生不仅记住了"j、q、x"的音和形,而且学生的观察能力、口语交际能力,探究发现的意识等基本素质都得到了培养,很多地方体现了学生的独特感受和体验。通过这个例子,我们明显地感受到在课堂教学中利用激励性评价语言所带来的教学效果!

3. 又如,一名平时不敢回答问题的女学生,突然举起了手,老师高兴地让她发言,可是这位学生在站起来后,一紧张,什么都忘了,急得哭了起来。这时老师没有批评她,而是鼓励她说:"你能主动回答问题,非常好。尽管这一次没回答好,我相信下一次你肯定能成功。"在随后的提问中,老师多次通过目光暗示或鼓励这名学生大胆发言,这位学生终于成功地回答了老师的问题,并赢得了同学们的掌声。试想,如果面对学生的失误或错误,教师采取的不是宽容而是严厉的训斥,还会有这位学生的第二次发言和成功吗?

温馨提示

1. 关注学生的发展,关注学生是否爱学习、是否积极参与以及是否能与同伴合作等与学生身心发展和终身发展密切相关的因素的评价。

2. 关注学生的个体差异,既关注学生的特长,又关注学生的困难领域,采取面向全体学生、促进学生全面发展的不同的评价方法。

  3. 以学生为本，以"超自我"的视角抛弃成见，与时俱进，全面反思，更好地关注学生的个性和人格健全，关爱学生的生命发展。

（撰稿人：张琼秋）

第五章 缤纷：多一把衡量的尺子

长风破浪会有时，直挂云帆济沧海

教学中的评价指的是对学生的学业成绩、身心健康和品德行为等各方面进行全面的评价，包括对学生在知识与技能、过程与方法以及态度、情感、价值观等方面发展状况的评价。宜更多地肯定进步，鼓励成功，增强信心，促使学生主动参与学习活动。因此，为了有利于全面了解学生的学习状况，激励学生的学习热情，促进学生的全面发展，对学生学习的评价不仅要准确、科学，更要讲究一定的策略。

诗性课堂

综合兼顾润心田

"长风破浪会有时，直挂云帆济沧海。"这里是指老师的评价能滋润每位孩子的心田，激励孩子在学习的历程中健康茁壮地成长。评价应着眼于每一位学生的发展，注重学生独立的、创造性性格的养成，因材施教，加以不同的引导。从书面测试的单一评价模式转变为统筹兼顾型的综合评价，兼顾学生的学业水平、学习经历与学习过程。适当的评价能帮助学生认识自我，树立信心，能促进学生自主全面的发展。

数学学习评价的效果将直接影响课程改革的成败。只有对学生学习进展与行为变化方面进行全面化、全程化的评价，才能有效地促进学生的个性化发展，最终实现课程宗旨，提高每个学生的数学素养。因此，我们要把学生的学习评价放到整个教学活动中的重要位置上，以鼓励向上和全面发展为最终的评价目标，让我们的课堂缤纷多彩，让孩子们在缤纷的评价中健康全面地成长。

教学评价具有诊断、改进与激励的功能。具体表现：一是诊断学生在学习中存在的困难，及时帮助学生调整和改进学习的方法；二是全面了解学生学习的过程，帮助学生认识自己在解题方法、思维与习惯中的长处与不足；三是使学生产生喜爱数学的情感、态度，帮助学生认识自我，树立起学习数学的信心。

诗漾课堂

巧妙策略助提高

对学生的学习评价应有利于学生的进一步学习。当学生对于某个问题的回答确实不尽如老师之意，甚至是毫无道理时，作为老师不宜当场批评学生或明确给予否定。当一个学生由原来的不会，到经过努力学会了一些，但与要求还有较大的距离时，就需要教师采取巧妙的评价策略。

1. 全面素质评价策略

课堂是师生互动的主阵地，老师通过课堂来了解学生，了解学生在数学学习的过程中所发生的一切，学生的每一个回答，每一次板演，每一次小组合作都是评价学生的好时机。教师在课堂上对学生的观察是全方位的，不仅关注知识的学习掌握情况，技能技巧的熟练程度，还应关注学生独立思考的习惯，小组内发表意见的情况，倾听同学发言的情况。

2. 激励性评价策略

对学生在学习全过程中的表现采用激励性评价，呵护他们学习数学的热情和信心。激发优生更上一层楼，增强学习有困难的学生学好数学的信心。

3. 让学生自评或互评的策略

古有"三人行，必有我师焉"，学会欣赏他人、诚恳指点他人、反思自我对于学生自我成长尤为重要,在课堂教学中给学生提供适当的自评互评机会,让学生口头评价本节课自己和同伴的学习态度、学习成果,从中总结学习心得以正确审视自我,向着相互促进与提高迈进。

4. 分别评价的策略

学生的基础是有差异的,学习数学的进程也会有差别,这是客观存在的事实。因此,我们不能用同一把尺子去衡量、去要求有差异的学生。教学提倡因材施教,以求取得共同提高。为了照顾学生基础上的差异和学习进程上的差异,对于同样的一个回答,若出自不同水平的学生之口就应采取不同的评价语言。

如诗课堂

多元评价促成长

1. 让孩子在缤纷的课堂评价中修整并完善自我

课堂表现是评价的主要方面。对于学生的一举一动,一言一行都要明察秋毫,并有选择地给予即时评价。好的表扬鼓励,不对的给予指导与矫正。课堂中对于学生的表现采用易操作的表格式的评价,具体内容如:知识技能掌握情况;是否认真(听讲、作业);是否积极(举手发言、提出问题并询问、讨论与交流);是否自信(提出和别人不同的问题,大胆尝试并表达自己的想法);是否善于与人合作(听别人意见,积极表达自己的意见);思维是否有条理性(有条理地表达自己的意见,解决问题的过程清楚);思维是否有创造性(独立思考、用不同方法解决问题)。以上评价目标缤纷多样,评价主体缤纷异彩,且操作性强,重视学生自我反思。

2. 让孩子们在激励性评价中健康快乐地成长

评价应以尊重学生,鼓励向上为目的。对于作业慢的学生尽量给足时间。例如,我班里的学生小朱,作业速度慢,来不及做,第一次成绩只有两星。在公布成绩时我以补做后的"四星"作为他的成绩,所以大家都没把他当不好的学生看。老师的理解、包容与鼓励让他有了自信,学习成绩不断得到提高。此外,对学生做错的书面作业不打刺眼的叉叉,而改用画圈圈,学生订正在圈内,订正后再在圈外打钩。为了鼓励学生学习的积极性,我采用"星级制"的方法来促进学生的发言、作业及思维等,产生了可喜的效果。每当学生发言积极、作业清楚准确或思维奇特时,都会得到五颗星,并附上一份老师的深深祝愿:"好样的,我为你感到骄傲!""从你出色的表现中看到了你的智慧和勇气。""星级制"评价体系的建立带给孩子一片温馨的享受,更激起了学生创新思维的火花,孩子们如沐阳光雨露。此外,在教学时,我常常运用"漫画式"的评价来激起学生的创造活力。如有学生在某次数学作业中取得满意的成绩时,我就随手画幅简笔画"小鸟"或"笑脸",以表示鼓励。我还专门为低年级学生设计各种类型的彩色小奖状,如:某某同学你今天的数学作业正确、清楚,并且有创新意识,你真棒!小奖状涉及方方面面,有鼓励学习进步的,有鼓励学习投入、发言积极的……缤纷的评价打开了学生们的思路,极大地调动了学生们的学习积极性,活跃了课堂气氛。因此,我们教师要乐于把激励性的评价贯穿于教学生活的方方面面。一句赞美,一个满意的微笑,都能让学生在真情的评价中荡漾出欢乐的涟漪、激发出无穷的创造力。

3. 让孩子在自评、互评中正确审视自我,携手迈向成功

如在教学《三角形与四边形》时,我留了五分钟让学生作学习的自评与互评,学生甲说:"我知道了几条线段围成的图形就是几边形。"学生乙说:"我知道了三角形与四边形的稳定性与可变性为人们的生活带来方便。"丙说:"某某的图形分类方法多样,有着一定的道理,要是汇报时的声音再响亮些就更好了。"古有"以人为鉴,可以明得失",在教学当中,融合前人的智慧,让学生自评、互评,既增进了学生之间的情感,同时也有利于学生认识自己的不足,迎头赶上。

4. 让孩子们在分别评价中增长自信,共同提高

如:二年级下册数学"鸡兔同笼"应用题:鸡兔共有 20 条腿,可能有几只鸡与几只兔?在解决问题时,优生答出五种搭配方案才记优,中等生答出三种搭配方案记优,学困生能答出两种搭配方案就可记优。课堂上要多创设一些机会,让学习困难的学生有

更多的成功机会,这样就会增强他们学好数学的自信心。再例如:请学生在 5 分钟内尽可能多地写出得数是 10 的算式。通过学生对这道题的解答,可以清楚地反馈出不同学生数学学习的水平及不同的解题策略。有的学生能写出一些学过的得数是 10 的算式;有的学生能凌乱地把学过的得数是 10 的算式都写出来;有的学生能有序地思考并写出全部学过的得数 10 的算式。对于第一、二种学生,教师可以先鼓励,再引导学生向前迈一步,试着进行有序思考;对第三种学生,教师可以先肯定他们的思考,再引导他们对自己的学习策略进行反思。这样评价,不同层次的学生便都能得到鼓励与提高。

评价是课堂上的一剂调味品,教师以缤纷的评价调出课堂教学的缤纷异彩,调出孩子们信心满满,调出创新灵感高涨!

温馨提示

1. 春风化雨应有度。不能为了评价而评价,评价不应过度、过滥,一味地夸奖"你真棒"并不科学。表扬应该是"有价值"的,能激起学生更大学习兴趣的,不然就失去了评价的意义。

2. 春风化雨因人异。对于不同孩子的表现,教师要有目的地给予不同的评价语言。对孩子们的评价要真正地做到因人制宜。

(撰稿人:楼爱萍)

解落三秋叶，能开二月花

众所周知，新理念教学倡导多元化评价方式，要求教师在评价学生时，不是给学生一个精确的结论，更不是给学生一个等级分数并与他人比较，而是要更多地体现对学生的关怀、关注、引导和启发；不但要通过评价促进学生在原有水平上有所提高，更要通过评价发掘学生的潜能，发挥学生的特长，从而有效地促进学生的多元化发展，提高课堂实效。教师"五彩缤纷"的课堂评价语应如温暖的风，滋润心田，启人心扉，促其开放。正如诗句所述——"解落三秋叶，能开二月花。"

诗性课堂

多用"五彩缤纷"评价语

"解落三秋叶，能开二月花。"这两句诗让人看到了风的力量能使晚秋的树叶脱落，能催开早春二月的鲜花。而教师"五彩缤纷"的课堂评价语恰似这温暖的风，滋润心田，启人心扉，促其开放。

祖国语言丰富多彩，在课堂评价中教师应多用、巧用不同的语言进行评价。正如所罗门谚语所说："那种在合适环境中讲的话，如同在银盘子里放上一些金苹果那样恰到好处。"因此，教师在评价中千万不要吝啬自己的语言。好的语言能激发学生的求知欲，充分挖掘学生的潜力，提高学生的能力，培养学生的创新能力。教师"五彩缤纷"的评价语言能使课堂洋溢着民主、平等、和谐、温馨的学习氛围。

诗漾课堂

巧用"五彩缤纷"评价语

1. 激励性评价语温暖学生心田。在课堂教学中，教师要多运用激励性评价激发孩子学习的兴趣。《上海市中小学语文课程标准》指出："对学生的日常表现，应以鼓励、表扬等积极的评价为主，采取积极性的评价，尽量从正面加以引导。"所以在课堂上，教师不能吝啬赏识与赞许，如及时送上："回答很精彩！""再努力一下就成功了。""你的感受很独特，老师为你高兴！""我怎么没想到。你体会得太精彩了。""多好的问题，会读，会思考，进步真大。""大家在用心读书，渴望知识的热情深深地感染了我。"

2. 真诚性评价语触动学生心灵。课堂教学中，教师的评价语言必须是发自内心的，对学生的赞美一定要真诚而亲切。因为只有发自肺腑的表扬和鼓励才能触动学生的心灵，增加他们学习的动力，使学生进入学习的最佳状态。

3. 启发性评价语启迪学生智慧。课堂教学中，教师的评价语言必须具有启发性，因为"启发"可促进孩子思维能力的进一步发展。在评价中，我们既要联系当地学生的实际，承认个体差异，又要尊重每一个学生的不同意见，注意培养学生多元的思维能力，促进创新精神的形成和发展，因此，在评价时要善用有启发性的语言。例如，启发学生说话时，尽量用优美的词句，教师可以这样评价学生："爱学语文的孩子就是不一样，能把自己看到的说得很美。"启发学生善于积累运用词语时可以说："有些同学真聪明，能把自己在课外书上看到的优美词句偷偷用在自己的日记里。"诸如此类的评价，既激励了学生，又启发了学生，进一步培养了创新能力。

4. 指导性评价语引导学生思维。在课堂教学中，教师运用评价时一定要具有客观性、具体性，针对孩子的回答给予正确而有效的指导与回馈。教育评价的基本功能在于促进学习者的发展和提高,鼓励固然该提倡,可不加辨析地盲目鼓励,也会使学生无法看清努力的方向和前进的目标,不仅不能给学生有效的鼓励,而且也不利于学生学习。究其实,不恰当的评价是对学生错误的肯定,而这种肯定,也许会让孩子在错误的道路上越走越远。老师们,让我们在每节课后都问问自己:今天,我认真倾听孩子们的发言了吗?

如诗课堂

"五彩缤纷"评价语入课堂

有位老师在上《三袋麦子》一课时,班上一个同学的表现引起了她的注意。原来这个同学正根据课文内容一边读一边摇头晃脑,做着各种各样的动作,那丰富的表情动作,惟妙惟肖的语调别提多美了。于是,老师激动地说:"刚才我发现了一个朗读大王——小张同学,他一边读一边做动作,表情丰富,读得可美啦,我相信我们班肯定有更多这样的大王。"听了老师的话,那个被赏识的同学读得更带劲了,其他同学也模仿着兴趣盎然地读开了。有的声情并茂,摇头晃脑,有的边读边做动作表达自己对课文的感受,还有的竟站起来朗读……课堂的学习氛围更加热烈了。可见,鼓励性的评价能让学生智慧的火花得到迸发,并使火花熊熊燃烧,照亮全班,让整个课堂充满生机。

在执教一年级语文《做什么事最快乐》时,教师询问:"你觉得做什么事情最快乐?"学生回答道:"我觉得写字最快乐。"师赞许地点点头,说:"你感觉到了学习的快乐,愿你成为学习的主人。"学生继续说道:"我觉得帮助人是最快乐。"老师走到这个学生的面前摸摸他的头:"老师相信你一定会成为一个乐于助人的好孩子。"这时,老师发现一个学生默默地低下头。于是轻轻地走到他面前,真诚而又耐心地说:"孩子,你大胆地说吧!"这个学生带着哭腔说:"我没有快乐。爸爸和妈妈离婚了……"老师激动而又同情地说:"别伤心,老师就是你的妈妈,同学就是你的好朋友,我们班就是你的家。我们一定会让你感到快乐的。"此刻,所有学生齐声呼喊:"我们一定会让你快乐的!"这个同学激动地点点头,泪水模糊了他的眼睛。这是令人感动的一幕,老师几句看似平常的话语,不经意的几个动作,深入到了学生的情感世界。老师表扬与鼓励的语言没有虚情假意,有的只是师生真情的交融,有的只是教师的关爱与智慧的甘露滴洒在学生的心中。

在课堂的师生双向活动中,学生回答老师的问题,往往不能一下子就答到点子上,甚至偏离正确的轨道。对此,教师是越俎代庖,直接将答案告之学生,还是另辟蹊径,启发学生自主探究呢?特级教师薛法根引导学生理解"卧薪尝胆"的教学片断,给我们提供了有益的启示。

师:现在谁能根据自己的理解说说"卧薪尝胆"的意思?

生:晚上睡在柴草上,每顿饭前,先尝尝苦胆的滋味,提醒自己要报仇雪恨。

生:为了报仇雪恨,勾践晚上睡在柴草上,每顿饭前,先尝尝苦胆的滋味。

师:如果勾践仅仅"晚上睡在柴草上,每顿饭前先尝尝苦胆的滋味",算不算真正的"卧薪尝胆"?

生:不算。因为勾践还亲自下田种地,使自己的国家富裕起来。

生:他还要练兵,建设一支强大的军队。

生:勾践还会找那些有本事的人,为国家的强大出谋划策。

师:这就叫"奋发图强"!如果勾践仅仅坚持了几天,或者几个月,算不算真正的"卧薪尝胆"?

生:不算。因为"卧薪尝胆"需要很长时间。

生:文中讲勾践"卧薪尝胆"二十年,才取得了最后的胜利。

师:这就叫"坚持不懈"!现在你理解"卧薪尝胆"的含义了吗?

生:"卧薪尝胆"表示为了实现一个目标,要忍辱负重、发愤图强、坚持不懈!

薛老师倡导智慧的语文教学,他的课堂评价也充满了智慧。

在上述片断中,薛老师以问代评,以问启思,"逼"着学生由浅入深,由此及彼,在教师的"追问"中,将学生的思维逐步引向深入。这样的课堂评价让学生获得从内心深处生发的学习乐趣。

一位语文老师在执教口语交际课《我最爱吃的水果》时提问小朋友:"你们喜欢吃什么水果?"一个孩子脱口而出:"我喜欢爱吃苹果、葡萄……"奇怪的是老师对学生的语病充耳不闻,还微笑着鼓励:"你说得真好!"我想说,老师,您认真倾听孩子的发言了吗?也许上述案例有点极端,但不能否认,在我们的语文课堂上确实有一些"失听"的老师,特别是在公开课上,教师怀里揣的是教案,脑中想的是下个环节,更多的只是"作秀"。试问对学生的发言不耐心听,不加以辨析,又怎能有针对性地指导,从而有效地促进学生的学习呢?

温馨提示

1. 课堂评价要及时有效。教师的评价既不能超前,又不能滞后。超前的评价,会让学生觉得教师的评价没有太大的价值和意义,而滞后的评价则会让学生觉得自己的回应没有被重视和尊重。因此,在课堂教学中,教师对学生的发言应注意抓住评价的时机,该及时鼓励的就毫不迟疑,不宜立即评判的就不能过早定论。

2. 评价要富有辩证性。表扬和批评是教师有效评价的两种必需的方式。评价要尊重学生,对学生的批评绝不能伤害学生的自尊心,要以正面效应为指导原则。我们可将批评有效融入表扬中,在表扬中警示学生,让学生提高认识,强化自律行为,促进课堂教学的高效。

3. 课堂评价不应只是简单地判断学生的是与否,而应适时、适当、适量地为学生提供评价。在评价中为学生把关定向、释疑解惑,引领学生走出迷茫,促进学生更深入地思考!

(撰稿人:叶 芸)

第六章　醇美：以高贵、纯粹之心回归精神家园

在每个孩子心中最隐秘的一角，都有一根独特的琴弦，拨动它就会发出特有的旋律。只有充满了细腻、柔软的循循善诱，才能拨动孩子的心弦，才会奏响美妙的教育乐章，达到教育的醇美境界。课堂似醇美的米酒，质厚味美，需要运用非凡的智慧去指导教学的策略，需要营造悄无声息的意境去渗透教学的思想，需要品味意犹未尽的内涵去传播教学的深远。

春风化雨雨化田，田舍破晓绕炊烟

"百年大计，教育为本；教育大计，德育为本。"青少年是祖国的未来，他们肩负着国家兴亡与民族荣辱的重任，培养学生高尚的价值观、人生观，做一个有理想、有道德、有高尚情操的人，是教育工作者义不容辞的责任。以课堂为主阵地，在科学中达到"春风化雨，无声胜似有声"的德育渗透，全面实施思想品德教育，既符合其长期性的特点，又遵循学生的身心发展规律和知识水平的发展规律。

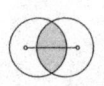

诗性课堂

教育的魅力在于润物无声

"春风化雨雨化田，田舍破晓绕炊烟。"像用和暖的春风吹拂人，似及时的雨水滋润大地，仿佛能看见村间田舍的袅袅炊烟。尤其是前半句诗句，最适合用来比喻良好教育的普遍深入。老子曾云：大音稀声，大象无形。教育应是一种无痕陶冶的艺术——将教育的意图虚化为"静寂"。教育的魅力在于，能在悄无声息的情境中自然完成——春风化雨，润物无声。

小学语文是一门重要的基础学科，它不仅具有工具性，而且有很强的思想性。语文教师要充分挖掘语文教材的德育因素，把德育寓于课堂教学中，使学生在学习语文的同时，受到思想教育。小学语文课程标准指出："培养学生高尚的道德情操和健康的审美情趣,帮助学生形成正确的价值观和积极的人生态度,是语文教学的重要内容。这与语文能力的提高,语文学习过程和方法的形成是融为一体的,不应把他们当作外在的附加任务。应该注重熏陶感染、潜移默化,把这些内容贯穿于日常的教学过程之中。"因此,作为语文教师,我们要在教学过程中把好教育度,找准德育点,选好渗透法,让学生在获取知识发展能力的同时,受到生动而自然的思想品德教育,以达到"春风化雨雨化田,田舍破晓绕炊烟"的效果。

诗漾课堂

春风化雨的德育渗透

在小学语文教材中,一些课文不仅文字语言优美,写作手法高超,故事情节精彩,而且蕴涵着深刻的人文精神和美好的价值观取向,在这类课文教学中,应该充分发掘其教育因素,在培养学生语文能力的同时,对学生进行春风化雨般的熏陶、感染。

1. 言传身教,示范引导

老师的言行是学生的榜样,对学生起着潜移默化的作用。老师应该加强自身的修养,以身垂范,用高尚的人格、美好的心灵、良好的品德、规范的行为来感染和带动学生,对学生言传身教,教育学生热爱祖国、热爱学校、热爱班级,要诚实守信,遵纪守法;要崇尚科学,勤奋学习,勇于探索;要正视困难,自强不息。

2. 阅读体验,因势利导

教育家凯洛夫说过:"感情有着极大的鼓舞力量,因此,它是一切道德行为的重要前提。"在教学中,老师可以利用多种方式,将学生的思想和情感带入课文的境界中,在身临其境的氛围中来感知课文所描述的美好价值观取向。如在《享受心安理得》这篇课文教学中,不妨以结尾中心句为主线将三件事一一串连,引导学生自读自悟文章记叙的三件事，说说令自己感动的地方。学生通过自读自悟，集体交流，了解了作者由起初得到鲜花时的惊愕、意外，到得到前房客的帮助后因无法说谢谢而感到遗憾，并也学着他的样子为以后的房客提供方便来弥补遗憾，再接着看着登山后的夫妇自然将竹制手杖留下给后来的登山者，自己也自觉地将雨衣抖干、叠好留给后来者——这一系列的举动展现了作者由得到时不安到付出时心安的极大转变，使学生真切感受到"与人方便，与己方便"。

3. 挖掘延伸，展现内涵

小学语文的课文一般都比较短小精练，无法将所有的相关语源都展现出来，教师应该适当挖掘、延伸这些资源，以充分展现课文美好的价值观内涵。如教授《我的第二次生命》课后，适宜让学生阅读同类的颂扬亲情的故事；如《血泪亲情泣天地》、《无私母爱创造生命奇迹》、《七岁女孩拯救母亲的感人故事》等讲授后，可以让学生谈谈阅读感受，最后迁移导行，抒写自己身边的"亲情"，使学生对亲情产生更深的认识，从而更加珍视亲情。

4. 练文炼人，润物无声

在作文教学中，老师要有意识通过影响学生的写作活动，努力开拓、深化学生对社会主义核心价值观的认识水平与践行能力，达到培养小学生高尚的道德情操和审美情趣、形成正确的价值观和人生态度的目的。

首先，命题要贴近现实，把握小学生的心理状态，题材要启发学生思考生活中的问题，以增强学生的社会责任感。如《闪念》和《人生的开关》等文章，通过命题让学生写出真情实感，引导其认识问题、分析是非，培养正确的人生观和价值观。

其次，教师在作文批改中，除了对学生作文的文法、技巧等方面进行评价外，还要充分关注作文中学生的思想动态。如《我的伙伴》一文中，小作者诚恳地坦白了以前做的一件亏心事——我写道：能进行自我批评，可谓勇敢！知错就改，就是好孩子。

再次，在作文讲评时，除了评讲一些作文方面的写作技巧外，还要在保护学生幼小心灵的前提下，对作文中学生存在的思想倾向进行多种方式的引领。如在写《节日里的一件事》这篇文章时，有学生写在妇女节里为妈妈做的一件事，小中见大，表达出对妈妈的一片爱意。我在讲评时极力称赞他是一个孝敬妈妈的好孩子。

如诗课堂

用思想的清泉、情感的烈火开启学生道德智慧

著名教育家第斯多惠说："教学的艺术不在于传授本领,而在于唤醒、激励、鼓舞……"教学《扬州茶馆》一文时,我以饱满的激情,在解读文本的过程中,传达出自己的爱国热情,以此来启迪学生进入深层次的思考,唤醒学生的爱国意识,提升学生的民族精神。

如:我利用课前两分钟,请学生用自己的话概括交流自己的课前探索(学生交流踊跃,内容广泛,有江南古城扬州的,还有作者朱自清的,不过更多的是茶文化、小吃文化的资料)。

然后,我富有激情地归纳导入:中国是茶的发祥地,被誉为"茶的祖国"。茶,乃中华民族的骄傲!茶,是中华民族的举国之饮!遍布祖国各地的大大小小、各式各样的茶馆就足以证明这一点。今天,就让我们驻足扬州茶馆,借扬州茶馆这一宝地来一窥我们中华民族传统饮茶及饮食文化。

随后,在悠扬的江南丝竹音乐中,我范读起课文,学生则沉浸在课文内容中。

此导入,不仅引领了学生进入课文的学习,而且激起了学生学习的欲望,更唤起了学生的民族自豪感。学生在富有江南特色的乐曲声及教师声情并茂的朗读声中,"走进"江南古色古香的扬州茶馆,一睹一品那扬州特色小吃,更是一种雨露般滋润的心灵陶冶,能够激起孩子们的民族感情,对孩子们民族精神的培养起着潜移默化的作用。

又如:课末,在学生深入学习了课文后,感受到扬州茶馆的热闹气氛,"目睹"小笼点心、烫干丝的制作过程,品味文本的精美、语言的凝练。而体验扬州茶馆的独特魅力之后,我在总结课文的同时,因势利导地道出:其实,扬州特色小吃,在我国源远流长、博大精深的小吃文化中仅是沧海一粟。你们知道的特色小吃还有哪些?

学生进入"语言直播厅"——向大家介绍所知道的小吃。

师:通过介绍,我们又进一步领略了我国各色小吃的美妙,喜爱之情油然而生。老师也想为大家介绍一些,请看。

此时进入多媒体展示,学生一饱我国各地各具特色的各式小吃。

师:欣赏了课文扬州小吃的独特魅力,听了大家对所了解的小吃的介绍,看了多媒体展示的祖国各式小吃的风采,此时此刻,你想对我们中国小吃说些什么?

顿时,教室里小手如林,学生们争着抒发自己的感情。有的说:"中国小吃,魅力无穷!"有的说:"中国小吃,挡不住的诱惑!"有的说:"中国小吃,我爱你!"有的说:"中国小吃,举世无双!"有的说:"中国小吃,It's Super"……

一声声,一句句,发自肺腑,极其洪亮,学生的爱国之情溢于言表,令在场的教师为之动容。至此,学生心中的"红烛"已熠熠生辉,光耀夺目,爱国的豪情已在心中升腾。这种爱国情感会如"一粒种子以强烈的暴发力破土而出",它的芳香会和民族精神融为一体,长久地滋润孩子们的心田。语文教师就是应该拥有思想的清泉、情感的烈火,用民族精神注入孩子们的心田,用爱国之火点燃孩子们的生命,使语文教学成为开启道德智慧的过程,让学生的隐性精神资源蝶变为显性的精神资源。

温馨提示

1. 教师要善于从教材中挖掘、提炼其蕴涵的德育因素,把显性的教学问题和隐性的德育教育有机地结合起来,从而达到教学的育人功能。

2. 教师要选好进行德育渗透的方法,讲究德育渗透时的分寸,让学生在潜移默化中提高觉悟,初步具有辨别是非、善恶、美丑的能力,从而达到"随风潜入夜,润物细无声"的效果。

3. 德育不能只是局限在课堂上,还要善于联系学生的生活实际,撷取有关德育信息,及时渗透德育教育。

4. 当我们的课堂发生意外事件时,我们要在尊重学生的前提下灵活处理,如果内容涉及价值观念,那么必须引导学生辨明是非。

(撰稿人:黄艳伟)

流水不腐，户枢不蠹，动也

在小学体育的教学中，体育教师应培养学生良好的锻炼习惯，培养学生养成自觉的锻炼意识，从而增强学生的个人体质，投入更有效率的学习。耐力素质是人体活动的基础，导致学生耐力素质下降的因素是多方面的，但最直接的原因是学生运动不足。为了提高学生运动的积极性，增强学生的运动兴趣，我们改良发展耐力素质的传统方法，寻求既符合当代学生特点又可以有效地增强耐力素质的运动项目，切实增强学生的耐力素质。本文旨在通过推广一系列创新的有针对性的体育锻炼，激发学生对体育锻炼的兴趣，加强学生耐力素质的训练，从而整体提高身体素质。

诗性课堂

力求展现一个别样的课堂

1. SPARK 体育教学模式演绎"流水不腐"

SPARK 全称是 The Sports, Play and Active Recreation for Kids Programs（儿童的运动、游戏和体育活动课程），SPARK 课程的设计充分考虑了美国国家课程标准和时下许多课程专家的建议，经过 5 年的研究而建构的小学体育课堂架构 SPARK 不仅是一门体育课程，而且还是将游戏、休闲娱乐与体育运动结合在一起的综合课程，主要由学校体育活动、校外体育与健康活动计划三大板块构成。美国 SPARK 课程目标是使人们养成健康的生活方式、获得运动技巧和运动知识以及培养良好的社交技巧。我们把这一理念引入学校体育教学工作中，以细水长流的方式将耐力训练慢慢渗透到学校的体健课和体活课中，从而培养学生并使学生变得爱锻炼，能锻炼，会锻炼。

2. 课堂"情境教学"演绎"户枢不蠹"

对于小学生而言，其身心发展尚未成熟，表现为身体好动与心理好奇两个方面。因此，传统枯燥乏味的耐力训练应当大幅度地破除，继之以贯彻与落实以学定教的教学理念，采取情境教学模式，利用一些游戏及小组学生技能展示等方式，来促使学生全身心地投入到课堂活动中，像户枢一样围绕课堂不停地转动。

3. "定向运动"演绎"动也"

科学研究表明：定向运动是最能有效增强心肺功能和耐力素质的有氧耐力运动。定向运动是一项集健身、娱乐、竞技于一体的新兴体育活动，符合青少年身心发展的需要，且在定向运动中，学生能自由地发挥自身的运动能力和兴趣，能够按照运动的需要调节负荷与强度。同时，同学们穿梭于空气清新的丛林、山地、溪流、湖泊等自然风光中，角逐着体力，较量着智力，他们在反复的地形判断和路线选择中，快乐地接受野外生存训练，不再会因为枯燥乏味、单纯的技术教学而失去学习的积极性和主动性。

诗漾课堂

培养锻炼学生的身体素质、意志品质

1. 流水不腐

首先，培养学生的自我决策能力，使之成为体育学习的主人。体育新课程要求教师在教学中注重培养学生学习的自主性，鼓励学生进行自主学习、合作学习与探究学习。几年来，体育教师在教学中也一直努力地尝试通过各种方法与手段，帮助学生达成这样的目标，但结果并不尽如人意。SPARK课程中实施的"个人最好的一天"项目

则给了我们一些启示：学生不再是学习行为的单一受体，而是学习过程的主人；学习要求不再是教师简单设计的单项"拷问"，而是学生学习过程中一个根据教学要求自我设计的环节，如在教学立定跳远和1分钟跳短绳时，每个学生给自己设定了不同的目标，要好的同学间设计了竞赛机制，既增加了同学间的友谊，也使学生的学习过程开始逐渐转变为学生自我控制的过程，学生欣欣然成为学习的主人。

2. 户枢不蠹

首先，"情境游戏"的互动教学，基于小学生的身心健康发展以及《义务教育体育与健康课程标准》的教学大纲，以小学体育心理教育学为研究标准，通过开展一些"情境游戏"的师生互动教学，不仅仅增强了课堂教学的趣味化，增进了师生之间的情感交流，而且在让小学生进行更多样化、系统化以及素质化的耐力训练的同时实现其耐力素质的提升。

其次，一节优质并效率化的小学体育教学课应当做到理论结合实践教学，即加强对教学内容、教学方式以及教学过程等方面的设计感，从而增强师生之间的学习合作以及情感交流，最终有效地提升小学生体育耐力素质。小学体育教学应更重视小学生的合作与探究性学习，促进师生之间的互动交流，进而提升小学体育课堂教学效率。

最后，希望在锻炼方法的引领下，让终身锻炼的理念像户枢一样持久恒动……

3. 动也

研究表明，校内耐久跑不太受学生们欢迎，除主观因素外，主要原因是教学方法。在教学过程中教学方法要灵活多样，同时教师应注重对学生勇于面对困难、不怕苦不怕累性格的培养。定向运动结合耐久跑开展可充分调动学生的兴趣，使学生首先着迷于运动本身，在游戏中得到耐久跑方面的训练，应根据学生的不同体质提出不同的要求。通过校园定向与耐久跑的有机结合，不仅发展了耐力素质，还发展了学生身体运动和大脑的运动协调配合以及身体的协调性、灵活性及走跑能力，同时使得学生自信心增强，体会到定向运动带来的乐趣。另外，同学之间的相互帮助还可以使学生逐渐体会到集体的温暖。在定向运动教学练习过程中，教师要不断地用审慎的目光，运用心理学的一般理论和定向与耐久跑的知识和技术去指导学生。在定向教学方式的实施中不仅学生的学习态度积极，精神面貌好，而且课中及课后运动负荷的检查评定分析也均达到了教学大纲的要求。

采用定向越野方式进行耐久跑教学仅是一种尝试和探索,实践表明学生不仅完成了课堂学习任务,而且学生团队精神,抽象思维能力,乐观向上、勇敢果断、坚定自信等优良品质精神也得到了培养,这表明此种通过定向教学的方式提高学生耐久跑能力的教学方式是可行的。

最后,希望每个学生都能动起来……

如诗课堂

运用掌握的知识受益终身

1. 在教学立定跳远和1分钟跳短绳时,每个学生给自己设定了不同的目标,要好的同学间设计了竞赛机制,既增加了同学间的友谊,也使学生的学习过程开始逐渐转变为学生自我控制的过程,学生成为学习的主人。为了让学生能自主地去增加训练量以达到耐力训练的目的,教师采用了多种教学形式以转变学生学习的方式,让学生自我监控自身学习过程,如鼓励学生自主学练,让学生参与制订学习目标和计划,进行自我引导式的学习;采用合作学习的方法,鼓励学生在实现学习目标的过程中相互帮助,并选择合适的任务活动;鼓励学生在个体及小组的学习中共同承担责任,通过展示自我,积极互动的形式,掌握运动知识和技能,从而让学生在充满自尊、自信的体育活动中,锻炼自我决策的能力,学会学习,做学习的真正主人。

2. 在30 m—50 m走跑训练过程中,教师可设计"抢旗帜"的游戏,以小组合作学习的形式进行分组,规定每组学生身系一面小旗帜,把操场纵向划分成为双方阵营。两组学生从对立方向开始走跑,哪组学生能够在双方彼此接近时一次性夺得对方的旗帜并最终迅速地插入对面的阵营出发点就获胜。在整个"情境游戏"教学过程中教师则充当"boss"的角色,每组学生可召唤一次教师,教师只能助"抢旗帜"一次。整个教学的实施增强了师生之间的合作学习与情感交流,学生更加信赖教师,教师得以优化现阶段的小学体育耐力素质训练,最终提升小学生耐力素质得以确保。

3. 定向越野的设计如下:校园内的越野跑,可男女混合进行,按路线参照物及规定的路线跑;铁人多项赛,即在校园目标处(运动区)设置多个项目,要求学生以最快的速度完成所有项目。如,可设置运动区,要求学生开展障碍跑:到跳绳点跳绳 200 个,到投篮点投中篮 5 个,到蛙跳点蛙跳 20 米,到找宝点找到宝。还可开展混合跑:定向往返,但每次的跑法都不一样,路线也可组合。如,单脚跳加"口"字跑。

温馨提示

1. 将 SPARK 体育教学模式运用到课堂教学中,从而形成终身体育的理念。

2. 课堂教育是提高学生耐力素质的主战场,需要教师的悉心组织指导,进而激发学生的锻炼情绪,让学生在活动中享受乐趣和成功感,使学生生动活泼、主动地学习,从而培养锻炼习惯、意识,发展运动能力,提高运动技术,真正达到全面发展学生身心之目的。

3. 进行针对性的公园定向越野比赛,进一步提高学生兴趣,给学有余力的学生以更高层次的发展。

(撰稿人:戴月芳)

水中之月，镜中之象，言有尽而意无穷

"水中之月，镜中之象，言有尽而意无穷。"它的意思是：诗的意趣好像水中的月亮、镜中的形象，含义深刻，令人品味不尽。话可以说到头，但是所表达的意思无穷无尽，从而让你得到很大的享受。

诗性课堂

基于问题开展实践，统整学科资源

中国艺术史上，诗歌和绘画均占有很重要的地位，它们彼此之间密切相关，携手并肩地走过了几千年的历史，共同创造了中国艺术的辉煌。两种艺术之间存在着很多共通的地方，同时又存在着一些不能忽视的差异性。"水中之月，镜中之象，言有尽而意无穷"体现了诗和画之间的联系是诗中有画、画中有诗和诗画一体，也体现了两者之间意境的交融。

同时，上海师范大学美术系王大根教授针对目前美术课堂教学存在的问题提出："在教学设计阶段，应正确理解和设计三维目标，逐步确立'单元意识'，用研究性学习的方式设计教学。"改变学生的学习方式是课程改革重点之一，通过美术教育培养学生具有解决生活和学习中种种问题的能力。

鉴于此，我们提出"小学主题模块式国画创作教学的实践研究"。旨在以单元主题

的形式,将原本散点的国画教学内容进行优势统整,根据不同年级学生兴趣、年龄特点,围绕单元主题内容在课内外进行国画创作素材的资源拓展,学生可以接触和这主题相关的各种领域的学习内容,教师的教材有时可以像联络教学的方式,横向编选和该主题相关的教学材料,有时更可直接打破学科之间的限制,在教学中整合不同领域的内容和策略,藉以激发学生国画创作的潜能。

诗漾课堂

设计模块式教学内容,调整课堂教学

1. 设定模块,确立国画创作教学内容

模块之一:和荷之美——以荷花为主题的创作内容表现学校"荷"文化;

低年级——快乐池塘;中高年级——荷韵

模块之二:感恩的心——以人物为主题的创作内容表现学校"弟子规"特色;

一年级——感恩(入则孝);二年级——友爱(出则悌);三年级——规范(谨);

四年级——诚信(信);五年级——善待(泛爱众)。

模块之三:家乡文化——以风景为主题的创作内容表现嘉定乡土、民俗风情;

低年级——嘉定特产;中高年级——嘉定民俗风情。

2. 立足课堂,确保教学活动有效实施

文献素材资料搜集:课外围绕主题内容进行文献、图片、速写等素材资料的搜集并梳理。通过调查、速写、记录、创作等过程,让学生在自主探索的过程中,感受生活美、发现生活美和热爱生活美,同时也拓展他们用水墨表现生活美的一些基本表现形式,用以激发学生热爱家乡的情感。

讨论交流草图绘画:课内围绕重点资料确定表现主体和构图方法进行交流,并完成草图创作。通过写生、速写,发展学生观察生活和表现生活的能力。通过"国画知识小讲台"和展示评价过程,发展学生语言表达能力。

示范交流水墨技法:课内针对表现重难点进行优化示范交流,并完成国画创作。通过技法自主、教师示范等方式的学习,提高学生国画造型表现能力。

大师的作品欣赏与交流:走近国画大师,了解吴冠中、齐白石等大师为中国绘画作出的贡献,缩短学生生活与大师生活空间上的距离。欣赏创作的内容贴近儿童生活,渗入生活美教育。在欣赏内容的选择上,采用贴近生活、贴近自然、贴近儿童的大师作品,不脱离学生生活实际,让学生感觉亲切、熟悉、易于理解。在教学过程中充分发挥学生的主体作用,激发潜在审美情感"基因"。结合丰富的国画实践活动,使学生在国画实践中提升审美体验的美学价值。从知国画到学国画到爱国画,从爱国画到爱中国的传统文化。

作业展示交流评析:课内进行作业展示,分小组、个人和教师进行客观评析,完成国画创作自我分析。教师做到课课有评价,对学生的作业进行面批及课堂学习态度评价(包括:课前工具的准备、小组的合作、作品创作等),在有效的课堂学习中提高学生的绘画技能,在课堂上抓好"四个一":学生的看、听、讲、画;学生作品展示。坚持人人备有美术速写本(评价标准和内容附在作品反面)。要求学生把自己的课堂作品按类整理在"书画档案袋"里,既作为一份完整的学习记录,也可以让学生了解自己的学习情况,培养良好的整理习惯。

如诗课堂

实施模块式教学内容,优化课堂教学

1. 国画创作教学内容模块的设立,由教材、学校特色、家乡文化等组成。

第六章 醇美：以高贵、纯粹之心回归精神家园

教材原有单元名称	选择内容	整合要素	生成主题	创作内容
第一单元：用线条装饰的画	赛龙舟	传统节日	水墨线条	端午节
	疏密的花纹	民族服装线条图案		我设计的民族服装
第四单元：都市印象	步行街	嘉定老街	我爱的景	嘉定老街 身边的美景——花儿的世界
第七单元：身边的世界	花园城市	家乡风景		
	美景我来添	身边美景		
第六单元：感受民间艺术	素雅的青花瓷	民间艺术	有魅力的民间艺术	瓷瓶上的故事 瓷瓶上的景
	好看的农民画	金山农民画		美丽的金山农民画

年级 项目	一年级	二年级	三年级	四年级	五年级
主题	感恩教育	友爱教育	规范教育	诚信教育	善待教育
内容	入则孝	出则悌	谨	信	泛爱众
结合点	以"感恩"故事形式来创作儿童画	以友爱主题来创作儿童画和水墨画	以行为动态为主题来创作水墨画	以诚信为主题结合书画创作	以"善"为主题结合书画创作
主题整合	我的家人 我的老师	我的同学	行为动态	身边的故事	身边的真善美

欣赏	文化馆	美术馆	博物馆	图书馆
家乡	家乡的景	家乡特产	民俗风情	家乡变化
非物质文化	竹刻	草编	丝竹	荷花灯舞

2. 国画创作教学活动有效实施

活动前，发放调查资料搜集表，对创作内容进行自主调查。课堂中，第一课时，组织学生以小组形式对资料进行交流、创作草图，教师有目的地进行示范与指导；第二课时，国画创作，教师针对学生年龄、水平进行技法的示范和指导；第三课时，我是小老师课堂，欣赏、交流与教师点评。

161

课堂如诗

例：二年级"茂盛的植物"

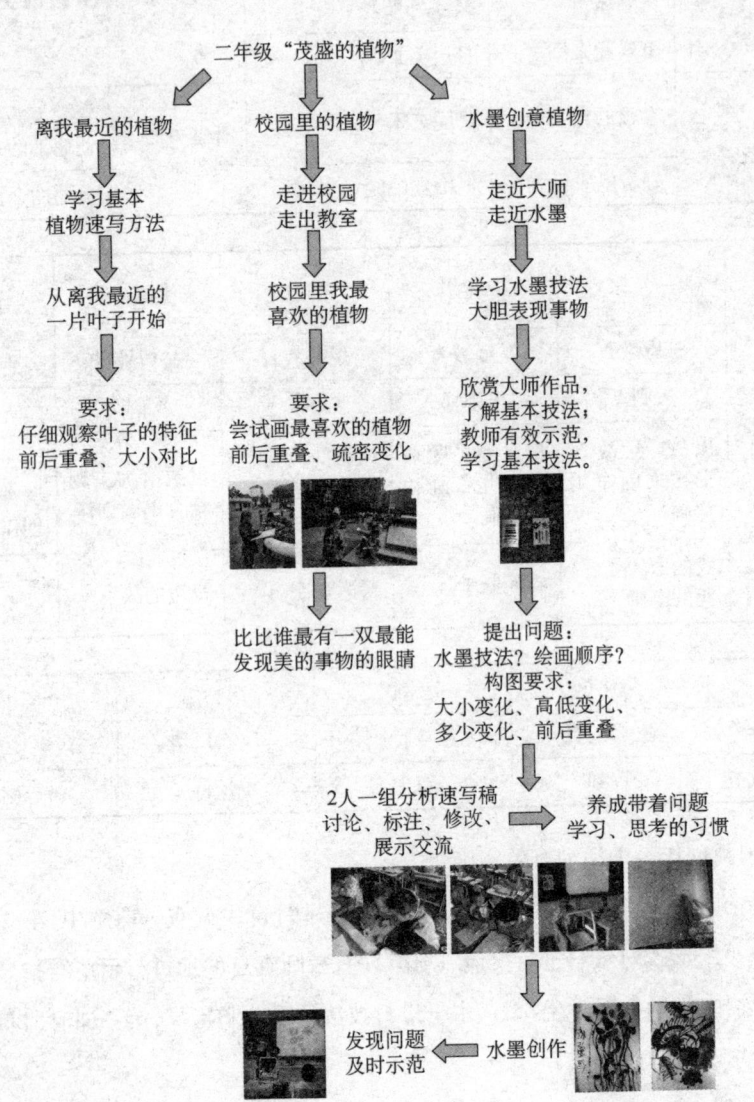

```
                    二年级"茂盛的植物"
           ↓              ↓              ↓
      离我最近的植物    校园里的植物    水墨创意植物
           ↓              ↓              ↓
      学习基本         走进校园        走近大师
      植物速写方法     走出教室        走近水墨
           ↓              ↓              ↓
      从离我最近的    校园里我最      学习水墨技法
      一片叶子开始    喜欢的植物      大胆表现事物
           ↓              ↓              ↓
      要求：          要求：          欣赏大师作品，
      仔细观察叶子的特征  尝试画最喜欢的植物  了解基本技法；
      前后重叠、大小对比  前后重叠、疏密变化  教师有效示范，
                                      学习基本技法。
                          ↓              ↓
                                      提出问题：
                      比比谁最有一双最能  水墨技法？绘画顺序？
                      发现美的事物的眼睛  构图要求：
                                      大小变化、高低变化、
                                      多少变化、前后重叠
                                      ↓
                      2人一组分析速写稿 → 养成带着问题
                      讨论、标注、修改、    学习、思考的习惯
                      展示交流
                                      ↓
                      发现问题 ← 水墨创作
                      及时示范
```

如何在课堂上尽可能给学生创造一个自我表现、表达、创作的平台,是我一直在思考的问题,让学生在美术课上学会表达、交流、观察、思考、绘制、创作。水墨画是中国的传统文化,引导学生用最传统普通的技法表现他们生活中丰富多彩的活动,表达他们内心潜藏的无限创意,是我念兹在兹的研究内容。

温馨提示

1. 以小见大,善于发现生活画面——爱民族、爱国家要从爱自己、爱家人开始,身边的生活场景就是最好的创作素材。养成良好的观察生活的习惯和方法,才能帮助学生找到更多的感恩、有爱的绘画素材,使创作的作品有趣、有情,达到"意无穷"的效果。

2. 走进走出,有效利用周边文化——美术课堂不是只有在固定的教室中才可以进行的,周边文化馆的艺术讲堂、图书馆艺术收藏书、美术馆的大师作品、老街的历史风景、传统手艺人手中的非物质遗产等都是欣赏和创作的素材,寻找发现生活中正在传播和即将消失的文化,尝试用画笔创作记录下来,才能达到"意深远"的效果。

(撰稿人:吴 祎)

千淘万漉虽辛苦，吹尽狂沙始到金

真教育自然离不开真课堂。而课堂的管理和学生的表现密不可分，和教师的管理机制也息息相关。管理是文化，是科学，是艺术。要使教育教学真正成为学生自主学习、主动探究、合作交流的主阵地，必然要求对课堂管理进行深入的反思和革新。管理是一种感召人、鼓舞人、鞭策人奋进的文化。在教育教学中，老师和同学是一个团队，只有运用智慧和谋略，才能激发学习意识，培养学习能力，拓展学习方法，从而回归教育本原，达到有效教学的目的。

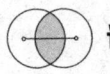

诗性课堂

实现教师、学生与情境三者的协调

"千淘万漉虽辛苦，吹尽狂沙始到金。"人们常用这句诗来比喻不畏艰辛地学习工作，才会得出真知灼见，达到新境界。课堂教学管理是师生共同参与，彼此交往，有目的、有计划和多维度地协调课堂内外各种因素，生成性地实现教学目标的活动。它是建立有效教学的课堂环境、保持课堂互动、促进课堂生成的动态历程。在课堂教学中，教师要创设一定的情境条件，保证良好的课堂环境，使教师与学生能在这一空间妥善地处理人际关系，这虽有一定的难度，但如能实现教师、学生与情境三者的协调，将大大提高课堂效率，有效实现预定的教育目标。

诗漾课堂

建模多维的课堂管理目标

实施有效的课堂合作管理、确立有效的课堂管理评价方法等策略,都在一定程度上提高了课堂教学的有效性,保证了新课程教学内容的有效实施,为新课程教学目标的实现奠定了基础。文中具体研究如下:一是梦想:学习是人类社会文明进步的阶梯与桥梁。梦想是人们对于美好未来的渴望与憧憬。二是天赋:关注孩子的特点,挖掘潜能,当孩子是一个发现者、研究者、探索者和创造者时,我们的数学课堂也会变得更精彩!三是策略:数学是一种工具和技术,一种语言和文化,更是一种思想方法,它具有丰富和深邃的文化内涵。有了策略意识,才能获得对策略内涵的认识与理解,进一步提高学生解决问题的能力。四是勇气:"成功的欢乐是继续学习的一种动力。"教师在课堂上的"激励"评价会使学生产生喜悦的情绪,这种体验能促进学生自觉向着我们所提倡的方向努力,学生也会在课堂上愈加投入。

如诗课堂

创造诗一般的课堂

课堂管理是教学活动赖以生存的基本条件,是课堂有效教学顺利实施的重要保障,决定着课堂教学质量的高低,影响到学生发展速度与水平。创造诗一般的课堂,触碰心灵,开启数学课堂管理的艺术之巅。

【梦想】"数学是锻炼思维的体操",学生们学习数学不仅是为了获取知识,更能通过数学学习接受数学方法、数学思想、数学精神的熏陶,提高思维能力,锻炼思维品质。欧几里德说过:"浮光掠影的东西终就会过去,但是天体图案却是巍然不动永世长存的。"华罗庚说:"最大的希望是工作到生命的最后一刻。"对这些把一辈子完全献给数学的数学家们,即使当他们走到人生旅程的最后一点,他们仍然会不改初心,矢志坚持最初的愿望。记得一年级开学第一个学期,也就是"学习准备期",孩子们还是一个个稚气未脱的幼儿园毕业的小朋友,连上下课铃声也分不清楚。我的数学课铃声响了,还有两个小朋友在走廊里迷茫地走着,这时的我,没有严厉地批评他们,而是轻轻地走到他们面前,拉起他们的小手,告诉他们:我们的数学课马上要开始了。第一堂课,我问孩子们:你学数学课,你觉得数学会有什么用处呢?你有什么梦想吗?孩子们一个个用稚嫩的声音回答着:我要当数学家,我要当银行家,我要当宇航员……对啊,这些都和学好数学息息相关呢,只有把数学学好了,我们才有可能实现我们的梦想。有梦想才会有动力,第一节梦想课堂奠定了良好的基础,开启了学好数学的智慧之门。

【天赋】 为了挖掘并保护孩子们的天赋,我在课堂教学上下了一番苦功。因为孩子间有很大差异,有些学生不用老师上课教,书本的知识已经学会了;有些学生则老师上课教了,课后辅导了,还是无法理解新知识,结论是:不可一刀切。有了这样的认识,我开始尝试调整我的教学目标设计。教学目标既是教学活动的出发点,也是教学活动的归宿。学生的差异决定了教师教学目标设计的差异。下面是我的"授课庖言"——我在设计二年级第一学期《幻方》一课时确立的教学目标:

普通学生设计如下:

1. 初步认识幻方。
2. 通过合作交流、自主探究等学习活动,初步感知观察、比较、归纳等数学方法。
3. 通过数学学习,初步体验运用有序思考策略解决问题的便捷性。

学有余力的学生设计如下:

1. 认识幻方,了解四阶、五阶……十阶幻方。
2. 通过自主探究、合作交流等学习活动,初步感知观察、比较、归纳等数学方法,找出幻方的规律。
3. 通过数学学习,体验运用有序思考策略解决问题的便捷性。

> **学困生设计如下：**
> 1. 初步认识幻方。
> 2. 通过小组探究等学习活动，初步感悟观察、比较等数学方法。

有了分层的教学目标设计，还需在课堂上真正落到实处。同样一个问题，学生的思路是完全不同的，有天赋的孩子总会让人惊喜连连。

【策略】 教学策略是教学设计中最核心的环节。老师的教和学生的学相辅相成，以下是一些我在课堂中尝试的做法和提炼。一是以旧引新策略：在复习旧知识的基础上提出新问题，这种方法符合学生的认知规律，为学生学习新知识铺路搭桥。二是故事激趣策略：适应学生的年龄特点，适时创设趣味性、启发性的故事情境，就可以极大地吸引学生的注意力，引导其积极思考。从学生熟悉的生活情境出发，选择学生身边的、感兴趣的，与教学内容相关的"故事"导入新课，以激发学生的学习兴趣与动机，产生对数学学习的积极情感，使学生初步感受数学与日常生活的密切联系。三是生活再现策略：是指课堂教学与社会生活、学生生活相结合，使课堂教学方式变成学生积极参与、乐于参与生活的过程，把课堂变成小社会。四是画图展示策略：针对小学学生缺乏空间想象思维能力的现状，利用画图展示来创设问题情境，把复杂问题简单化。这点可简单归结为以下几个阶段：

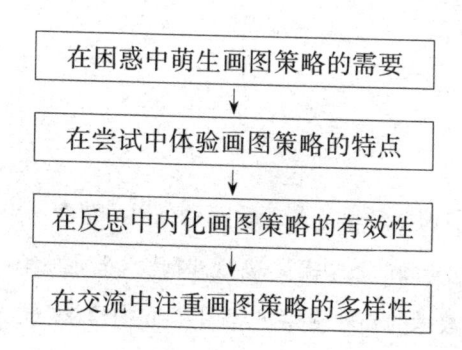

```
在困惑中萌生画图策略的需要
          ↓
在尝试中体验画图策略的特点
          ↓
在反思中内化画图策略的有效性
          ↓
在交流中注重画图策略的多样性
```

五是角色体会策略：让学生在角色体会中感悟学习的乐趣，更强调学生的主体地位。只有让学生亲身体验过，动手尝试过，才能更容易掌握和发现知识的用处。这不仅让学生学到了知识，更让学生学到了如何去活用知识。

【勇气】 豆朋教育 App 软件是一款需要在 WiFi 运行下运用 iPad 操作的评价机制，在课堂上用"加豆子"和"减豆子"的方式评价学生的表现。刚开学的时候，我们班参加了豆朋前测测试，得到了一系列的数据报告。我们班的学生整体情况尚可，虽然平均识字量、数学计算和思维能力略高于年级平均水平，但平均注意力指数则低于年级平均水平。

如何巩固与提高学生的这些水平呢？在看了豆朋软件提供的另外两张数据报告后，我有了一些想法。课堂上，我用豆朋软件设置了——"口算正确"、"计算准确"、"表述完整"、"认真倾听"和"积极发言"等评价指标。为了能更加深入地了解豆朋软件的效果，我每天关注我们班的"小刘"同学。我的策略：有意识多请小刘同学回答问题，如果他口算又快又对，马上给他加一个豆子——口算正确，激励他每天点滴进步；课堂上，当着小刘和全班同学的面，在"认真倾听"和"口算正确"两个指标中给他正向评价。经过一段时间的积累，得到了一些效果：课堂中，他发言积极了，声音响亮了，胆子变大了，口算正确率更高了，计算正确率也在提高，表达能力也有所明显改观……

豆朋软件评价角度的多方位，很大程度上激发了学生学习的兴趣。学生在内心获得喜悦和享受的同时，也使得其注意力更加集中，思维也更加活跃。在期末综合测试中得到的一些数据更是令人振奋与惊喜的。

温馨提示

1. 教育创新呼唤着课堂教学改革。教师只有切实转变了教育观念，冲破了传统的课堂教学形式，才能构建全新的教学模式，实现课堂教学管理变革，实现课堂效果多元化。

2. 遵循学生学习数学的心理规律，与学生共同构建学习数学的梦想课堂，在课堂中实现教学变革，在评价中激发学生的求知欲，培养学生的推理能力、抽象能力、想象力、创造力。

（撰稿人：徐春兰）

运筹帷幄之中,决胜千里之外

"运筹帷幄之中,决胜千里之外。"这是一种文化醇美,醇美的课堂是教师和学生愉悦教学的基础,是教学的精彩所在。

我们都知道,《孙子兵法》是中国目前能够见到的最早的一部兵书,历来备受推崇,研习者辈出。它在我国古代汉族军事学术和战争实践中,起过极其重要的指导作用。就实质而言,教育教学无异于一场没有硝烟的战争,它同样需要我们教师运用智慧和谋略,用醇美的文化精髓去指导教学实践,培养学生,以实现教书育人的目的。

诗性课堂

教师是课堂管理统兵的将帅

"运筹帷幄之中,决胜千里之外。"形容雄才大略,指挥若定;比喻很有才智的人无须上阵,只需做好前期的完善战略部署,就能够让事情获得成功。课堂管理是我们教育教学的一个基本要素,有效的课堂管理是课堂教学得以顺利进行的重要条件。而五德皆备(《十一家注〈孙子〉·始计篇》梅尧臣注——"智能发谋,信能赏罚,仁能附众,勇能果断,严能立威")的教师则俨然是课堂管理统兵的将帅,他的正确谋略和部署能使教育教学成为学生自主学习、主动探究、合作交流的主体活动过程。

诗漾课堂

善于运用孙子兵法的多项计谋

课堂管理本质应该不仅是一种结果（实现教学目标），还是一种过程（运用各种策略），一种通过教师的教育理念和教育哲学观形成师生间和谐有效的课堂管理过程。

我经过多年的探索和实践，运用孙子兵法的多项计谋，确保自己在课堂管理上实现"运筹帷幄之中，决胜千里之外"。

1. 润物无声，以"情"感人

孙子说："视卒如婴儿，故可与之赴深溪；视卒如爱子，故可与之俱死。"意思是：将帅对待士兵像对待婴儿，士兵就可以跟他赴汤蹈火；对待士兵像对待爱子，士兵就能跟他生死与共。

带兵打仗需要官兵同心，上下一致。教育是一种互动性的工作，师生关系是否和谐、融洽，对教育质量的提高至关重要。

一个善于管理课堂的教师，必定是一个充满人格魅力的教师。当你每天走进教室，用微笑迎接每一个学生，让他们感受到你的爱的时候，可以相信，学生在你的感染下，会认真上好每一节课。在课堂教学中，教师要重视与学生之间情感的交流，运用鼓励性语言、手势，传递给学生亲切、鼓励、信任、尊重的情感信息；对学生个人或小组进行表扬，使他们心理上得到满足，敢于大胆开口说英语，产生积极向上的原动力，获得成就感，增强自信心，不断产生学习英语的兴趣和表现自己的愿望。

2. 运筹帷幄，以"制"服人

孙子说："卒未亲附而罚之，则不服，不服则难用也；卒已亲附而罚不行，则不可用也。故令之以文，齐之以武，是谓必取。"意思是：对待士兵既要用政治道义来教育引导，又要用军纪军法来整治，这样才能统一指挥，步调一致，打起仗来必定取得胜利。平时教育士兵严格执行命令，遵纪守法，树立良好的纪律观念和法制观念，战时他们才会服从命令，听从指挥；平时法令不严，军纪不整，战时士兵们就不会自觉地服从命令，听从指挥。

这个道理在教育工作中同样适用。作为教育工作者，我们要考虑到课堂中可能会发生的各种情况,制订出一个较为完善的管理制度来执行,做到心中有数,运筹帷幄。对于英语课来说,我觉得最重要的是要让学生了解英语学习的方式,规范课前预习、课堂学习和课后复习等要求,使学生明白怎样的学习方式才是最有效的。

3. 事半功倍,以"评"激人

孙子说:"善用兵者,修道而保法,故能为胜败之政。"意思是:善于用兵的将帅,总是按照战争规律和制胜法则,先从各方面修治"不可胜"之道,维护必胜的法则,确保法令的执行,这样就能把制胜的主动权掌握在自己手中。

评价同样是英语课堂教学制胜的法宝,在要求学生遵守教学常规的基础上,运用多样化的评价方式,激发学生学习的积极性和自信心,使每个人都能接受挑战,感受成功,体验快乐,获得心理上的满足,赖以不断保持学习的动力。

4. 优势互补,以"学"完人

孙子说:"是故,智者之虑,必杂于利害。杂于利,而务可信也;杂于害,而患可解也。"意思是:有智谋的将帅在思考军队作战问题时,必须兼顾利弊两个方面。在不利的情况下,要看到有利的因素,增强必胜的信心,趋利避害,使作战行动能够顺利发展;在有利的情况下,要考虑到不利的因素,做好最坏的打算,然后扬长避短,避免被挫败的危险。

对于教育者而言,就是要有教无类,因材施教,扬人之所长,避人之所短。在教学工作中,尽可能地创造条件发挥学生的长处和优势,使他们树立信心,鼓足勇气,以臻更大的成功。

"运筹帷幄之中,决胜千里之外"的课堂,是多么的智慧,又是多么的醇美!

如诗课堂

教学文化醇美处处呈现在我们的教学中

1. 递进式的教学设计

在英语课堂教学过程中,我会根据教学内容和身边的教学资源精心设计活动形式,为学生搭建语言运用的舞台,同时借助多媒体生动形象的画面、悦耳动听的声音,使声音与图像结合、语言与情景结合、视听与听觉结合,让学生感知、体验,不啻身临其境,在情景中自由、创造性地运用语言。

如在五年级第二学期 Module 3 Unit 2 Weather 教学中,我精心设计课堂教学,把班内学生分成了六个小组,分别以天气情况 sun, cloud, rain, wind, fog, storm 命名,由能力较强的学生担任组长。通过对学生信息量的输入,创造各种语言情景,同时在教学中注意由浅入深,由易至难,循序渐进地教学,尽可能多地安排一系列相关的小组语言操练活动,利用形象的媒体,通过让学生看一看(看优美的四季图片,感受季节和天气的变化),猜一猜(温度计上的温度),对子活动(操练句型),听一听(风和雨的声音,学会 typhoon, heavy rain),读一读(通过阅读练习了解英国的天气情况,拓展知识面,激发学生的学习兴趣),练一练(Here is the weather for _____. It was _____ yesterday. The high temperature was _____. The low temperature was _____. It will be _____ tonight.),小组合作写一写等教学方式,使学生们相互促进、共同提高,把课堂知识由学生的间接需要转化为直接需要,有效引发学生的学习积极性。

2. 小组合作学习

小组合作学习,是我在教学中比较多用的教学策略之一。在新课程理念指导下的课堂教学过程应反映教师在课堂教学中严格践行"三主"(教师为主导、学生为主体、训练为主线)、"三自"(学生自己提出问题、自己分析问题、自己解决问题)和"三有"(让学生有所发现、有所议论、有所创新)的教学成效。通过合作性的学习活动,在完成老师布置的任务时,学生之间不仅可以相互促进、共同提高,而且可以增进互相理解、互相尊重,激发彼等自我表现的欲望。

以五年级第二学期 Module 3 Unit 2 Weather 为例,我设计了以下评价内容,要求学生在小组活动后评价(A 奖励★★★,B 奖励★★,C 奖励★)

小组名称_____ 总星值_____

教学目标	1. 在相关语境中，学生能够借助标志图片正确说出 snowy, stormy, foggy, cloudy, sunny, rainy, windy 等核心词汇。	A( ) 语音语调正确； 表达流利； 能清楚地区分词的音、义。	B( ) 语音语调较正确； 表达较流利； 能较清楚地区分词的音、义。	C( ) 语音语调错误； 表达不够流利； 不能区分词的音、义。
	2. 在相关语境中，学生能够用 What's the weather like today? 语句进行提问，并能用 It is... 回答。	A( ) 语音语调正确； 表达流利； 能正确表达四季的天气。	B( ) 语音语调较正确； 表达较流利； 能较正确表达四季的天气。	C( ) 语音语调错误； 表达不够流利； 不能正确表达四季的天气。
	3. 在相关语境中，学生能够用过去时来表达天气情况，并能进行天气的对比。	A( ) 语音语调正确； 语义连贯； 表达流利。 书写正确，语法无错误。	B( ) 语音语调基本正确； 语义较为连贯； 表达较为流利。 书写基本正确，语法基本无错误。	C( ) 语音语调错误； 语义不够连贯； 表达不够流利。 书写不够正确，语法有错误。
小组合作		A( ) 分工明确； 合作默契； 表达流利。	B( ) 分工较明确； 合作较默契； 表达较流利。	C( ) 分工不够明确； 合作不够默契；表达不够流利。
总评		A( ) 能够顺利达成本课时教学目标。	B( ) 能基本达成本课时教学目标。	C( ) 无法有效达到本课时教学目标。

3. 作业分层设计

内容丰富、形式多样、精心设计的作业是英语教学不可或缺的教学形式，是学生学习英语不可缺少的学习方法和环节。对每个层面的学生开展分层练习，使每个学生通过不同度、不同量的作业练习，在原有的基础上各有收获，都能享受到成功的喜悦。

以五年级第二学期 Module 3 Unit 2 Weather 为例，我设计了 A、B、C 三个层次的作业：

(1) C级作业：天气状况单词学习(要求：全班学生都参与学习,并学会单词和句型)。

(2) B级作业：调查所在城市的一周天气情况,完成表格,并能流利表达(要求：大部分学生能通过自我调查了解完成)。

(3) A级作业：完成一份较为完整的天气情况报告(要求：部分优秀学生通过小组合作完成)。

递进式的教学设计,同伴互助提高的学习方式和分层式的作业选择,教师的因材施教,极大地发挥了学生的长处和优势,使每个学生对英语学习产生了浓厚的学习兴趣,学习成绩提高也很快。在我的课堂中,每一个学生的个性都得到充分的张扬,他们接受挑战,感受成功,体验快乐,真正参与到教育教学活动中来。

综上所述,教学文化醇美处处呈现在我们的教学中,它让学生真正体会到了学习的乐趣和美好。

温馨提示

1. 了解每一个学生的特点,多表扬,少批评,尽量用自己的言行来感化学生。

2. 制订了较为完善的课堂学习和管理的规则后,要求学生们每天积极对照执行,可以用小干部来检查反馈。

3. 评价方式可以多样,教师要善于运用评价的激励作用提高学生学习的积极性和自信心。

4. 关注每一个学生的课堂学习情况。在小组活动中,教师要关注每一个学生的表现,特别是语言表达能力较弱的学生,要鼓励他们在同伴的帮助下学会运用所习得的语言。

(撰稿人：李梦晖)

后记　诗与远方

在上海市嘉定区南苑小学全体教师的共同努力下,《课堂如诗》一书终于和大家见面了。30篇案例,展示着教师无限的课堂智慧,蕴涵着教师丰富的教学情感,承载着教师难忘的生命历程。尽管部分青年教师笔触还不够细腻,体会还不够深刻,教育教学的理论水平还有待提高,但面对社会,我们可以无愧地说,在新课堂改革的时代潮流中,在教师努力实现从一个单纯的教育实践者转化为研究者的征途中,我们正在行走着!在我们这个集体中,那热爱教育的激情犹如一粒粒珍贵的追求上进的火种,燃起了"南小"向教育更高峰升腾的火焰。

"如切如磋,如琢如磨",在上海市教育科学研究院杨四耕老师的指导下,我们对课堂教学改革开展了一系列的实践探索。课堂是教育教学的主阵地,课堂转型是新课改的必然趋势。如何引领"南小"教师基于学校雅美教育哲学,开创与之契合的雅美课堂,杨教授从理念的提炼、框架的构建、内容的爬梳以及写作的推敲方面都给予我们以专业的指导。在他的帮助下,"南小"的教师们以全新的视角去俯视教育,思索教育,尝试新的教育方式,用宝贵的实践经验去丰富教育教学的理论,争做科研型、专家型的教师,开创"南小"教育更加灿烂的明天……

本书所收集的教学案例,是学校全体教师智慧的结晶,由校课题中心组提炼汇集而成。各章节负责者如下:第一章,唐宁宁;第二章,李梦晖;第三章,郑靖晔;第四章,瞿珍;第五章,彭梅峰;第六章,戴月芳。唐晔对全书进行了审阅与统稿。

我们笃信:课堂不止眼前的学习,还有诗与远方——其实,诗就是你心灵的最远处。